李广顺 著

因为有爱，就要
好好说话

温暖又顺畅的非暴力沟通术

江西人民出版社
Jiangxi People's Publishing House
全国百佳出版社

图书在版编目（CIP）数据

因为有爱，就要好好说话 / 李广顺著. -- 南昌：
江西人民出版社，2018.1
ISBN 978-7-210-09735-8

Ⅰ.①因… Ⅱ.①李… Ⅲ.①口才学—通俗读物

Ⅳ.①H019-49

中国版本图书馆CIP数据核字（2017）第217667号

因为有爱，就要好好说话

李广顺 / 著

责任编辑 / 冯雪松　钱浩

出版发行 / 江西人民出版社

印刷 / 北京市文林印务有限公司

版次 / 2018年1月第1版

2018年1月第1次印刷

710毫米×960毫米　1/16　15印张

字数 / 179千字

ISBN 978-7-210-09735-8

定价 / 38.00元

赣版权登字-01-2017-690

　　在浩瀚的人类历史长河中，爱一直是亘古不变的话题，是我们生命中不变的核心。但是现实生活中，很多人并不知道该如何表达自己的爱意。其实，最好的表达方式就是沟通。

　　生活需要爱的存在，而爱则需要沟通。在人与人相处的过程中，爱就如同空气，而沟通就如同血液，没有它，爱将无法表达。人们在表达自己的情感时，总会出现这样那样的失误，在相处中也常有磕磕绊绊、吵吵闹闹的时候，在这种情况下，良好的沟通就显得尤为重要了。那么，怎样的沟通方式能够解决人际交往中遇到的难题呢？

　　对于这个问题，著名心理学家马歇尔·卢森堡博士经过研究，发现有一种神奇的语言可以解决这一问题，那就是非暴力沟通。

　　非暴力沟通是区别于传统沟通的，它将沟通的重心放在了爱与理解之上，并通过转换表达和聆听的方式，去获取我们与他人共同的、基本的需要，然后去寻找可以满足这种需要的方法。非暴力沟通可以隐蔽人们内心的暴力冲动，将爱自然流露出来，使人们能够真挚、清晰地表达出自己的情感，在彼此之间建立起一座互助互爱、尊重、理解的桥梁。它在教会我们如何使自己的生活变得更加和谐美满的同时，也让人与人之间的关系变得和睦亲密，充满了爱意。

在现实生活中，作为合法公民的我们，你也许会觉得"暴力"这个词和我们扯不上任何关系，你既不会与人发生肢体上的冲突，也不曾污言秽语，怎么就暴力了呢？实则不然，生活中"暴力"随处可见，尤其是语言暴力，几乎在我们每个人的身上都曾发生过。只要你稍微留意一下现实生活中的沟通方式，用心体会一下不同沟通方式给我们带来的不同感受，就会惊奇地发现你曾被这种沟通方式"暴力"过，或者你曾"暴力"过别人。一些嘲讽的语调、说教的语气、否定的词句、不实的评论、恶意的批评，都曾给我们的内心带来深深的创伤，这种情感上的伤害有时比肉体上的伤害更加令人痛苦。这些语言上的暴力会让人与人之间变得冷漠，出现隔阂，最终使我们的距离越走越远，非常不利于正常的情感交流。这个时候，非暴力沟通在人与人的交往和情感交流中就可以发挥其作用。

在非暴力沟通的过程中，有四个要素非常重要，只要我们能够深度思考和掌握，就很容易表达自己的情感，拉近与他人之间的关系。

观察：在日常生活中，我们常常会不自觉地将注意力放在自己关心的事情上，忽略他人关心的问题，其结果就导致了情感的天平倾向自己，无法以客观的态度表达自己的言论，随之，我们与他人之间的矛盾就产生了。非暴力沟通中的观察就是要求我们留意自己身边发生的事情，不管是自己在意的，还是他人关心的，都要客观地表达，不能被自己本身的情感所左右，准确表达自己观察到的结果，才能维系好与他人之间的感情。

感受：很多人都不懂得如何表达自己真实的感受，常常顾忌太多，不能将自己的想法表达出来，又或者词汇太匮乏，不知该如何表达，其实，很多时候我们只需要表达自己内心最真实的感受就行了。如，喜、怒、哀、乐等。当你感觉受到了不公平的待遇，或者感觉悲伤，就要勇敢、真实地表达出来，如此，才能对症下药，做出正确的反应，彼此之间可能出现的裂痕才能及时予以修复。

需要：在日常的沟通交流中，需要和感受之间存在着必然的联系，很多时候，我们会有各种不同的感受，往往是由于自己内心的需要没有得到及时的满足。在非暴力沟通中，如果我们能够及时表达出自己内心的需要，才能得到自己想到的结果，那么，你的感受将会完全不同。例如，我们会对将音响开得很大声的家人说："能不能将声音关小点，吵得我很难受，我需要休息！"从中我们很容易看出，因为休息的需要没有得到满足，所以会感到很难受。需要的满足与否，会产生不同的感受，所以关注他人的需要对情感的交流非常重要。

请求：光表达自己的需求并不能完美地解决问题，我们还应该请求对方来满足我们的需求。在与他人交流的时候，我们将自己的诉求表达得越清楚，表述得越具体，越能够得到理想的效果。当然，我们表达的意思有时会和他人的理解出现偏差，我们也需要他人及时地反馈。我们在提出请求时，注意要真诚、态度温和，这样对方才不会将我们的请求当成命令，才更加容易接受。

观察、感受、需要、请求，这四个要素，不仅可以帮助我们准确表达自己的想法，还能够让我们准确探知他人的心声，对我们有效的沟通起到了决定性的作用。

在现实生活中，很多人不知道该如何表达自己的情感，常常在伤害他人的时候，也将自己弄得遍体鳞伤。而非暴力沟通可以重塑我们的沟通技巧，让我们学会通过观察、感受、需要、请求等要素与他人建立高效的沟通方式。这种沟通方式如果运用得当的话，将会取代低效、俗套的语言，以一种不带伤害的方式去化解人与人之间的摩擦和冲突，将爱融入我们的生活。

目 录

contents

03
爱自己，才能和别人好好说话

04
无论你想说什么，一定要真实

08
有话好好说，生气解决不了问题

09
只要放下伤痛，就没什么谈不拢的

01

爱的刽子手：暴力沟通

沟通时，沉默不是金

与人交谈一次，往往比多年闭门劳作更能启发心智。

我国自古就有"君子讷于言"之说，生活中也常常听人说"沉默是金"，很多人将它奉为为人处事的信条，用来告诫自己：言多必失，祸从口出，少说话多做事，总之，能闭嘴时绝不说话。

为了避免不必要的麻烦，大家只好保持沉默。当沉默成为一种被人们广泛弘扬的"优良品质"时，每个人都或多或少减少了说话的欲望，甚至有些人以"过来人"的身份自诩，称：东西可以乱吃，话绝对不能乱说。可是沉默并没有给我们带来便利，我们的人生道路也没有因为沉默而变成坦途，相反还有可能失去了鲜花和掌声。

沉默并不是金，沉默解决不了问题。

肯德基创始人桑德斯先生，原本是一个沉默寡言、不喜交流的人，他从事过多种行业，但最终都没能达到自己的预期，全都无疾而终了。

在40岁的时候，他在一家加油站旁边开了一家餐厅，专门为过往路人提供食物。他的手艺一直都很不错，特别是他做的炸鸡，味道鲜美、口味独特，简直堪称一绝。

由于他不善于与人沟通交流，虽然拥有很好的炸鸡手艺，餐馆生意却一直不温不火。他想，如果这种状态一直持续下去，自己这辈子可能就完了，炸鸡秘方也有可能随自己一起走进坟墓。

经过长时间的思考，他觉得自己必须走出去，必须主动与他人交流，让自己的炸鸡得到更多人的认可。之后，他便开始了自己的宣传之路。每天挨家挨户地敲门，一家餐厅一家餐厅地跑，告诉他们他有一份上好的炸鸡秘方，可以让餐馆的生意更加兴隆。两年间，他几乎跑遍了美国的每一个角落，认识了许多朋友。通过与他人的交流沟通，他不仅推销出了自己的炸鸡，还从中得到了巨大的快乐。

后来他创建了肯德基连锁快餐店，如今肯德基已经遍布全球。当时的肯塔基州州长为了感谢他对该州食品行业做出的贡献，特意为他颁发了上校官阶。

试想，如果当年他只是一味地沉默不语、埋头苦干，没有积极地走出去和他人交流沟通，将自己的秘方埋在心里。那么，他就无法取得今天的成就，世上也就少了一家如此出色的餐饮连锁公司。

很多时候，沟通可以成就一个人的事业，而沉默往往会使人裹足不前。沉默，从小的方面说，它可能会阻碍个人的发展，影响感情的升温；从大的方面说，它甚至可能影响到一个民族的未来。

"二战"时期，虽然普通的德国人已经知道那些被推上火车的犹太人的悲惨下场，但是他们依然选择不闻不问，无忧无虑地过着自己的生活，购物、上班，温和地和迎面走来的朋友打招呼……就像德国新教神父马丁所说的那样："起初他们杀害共产主义者的时候，我沉默，因为我不是共产主义者；接着他们杀害犹太人的时候，我沉默，因为我不是犹太人；后来他们杀害工会成员的时候，我继续沉默，因为我不是工会成员；此后，他们杀害天主教徒的时候，我还是沉默，因为我也不是天主教徒；最后，他们向我杀来，再也没有人愿意站起来为我说话了！"

除了"二战"期间的德国民众，历史上还有无数的悲剧源于集体的沉默。可见沉默的破坏力有多强大。

沟通时，沉默不是金。想要达到自己最终的目标，必须通过沟通深入对方的内心世界，了解对方真正在想什么，然后再对症下药，问题才能迎刃而解。每个人都希望自己成为一个成熟的、受欢迎的人，希望别人能注意到自己，成为别人眼里最重要的人。但是你不与别人沟通，别人根本就无法了解你，又谈何喜欢你呢？很多人并不懂得怎样与别人沟通，他们已经习惯了以沉默的方式来解决问题，习惯了让对方来猜想自己内心的想法。很多时候，沉默的结果往往和你之前预想的有着天壤之别，甚至会造成不必要的麻烦和尴尬。

沉默不言、惧怕交流是人天生的特性，它是人与生俱来的一个弱点，而这个弱点与人的怯懦心理有着非常大的关系。在做任何事情之前，我们要克服自己的顾虑，树立充分的自信。在现实生活中就有这样的方法可以改变这种沉默状态，如：在公共场合和众人面前，要在心里暗示自己：我可以的，我很棒！然后鼓励自己开口，表达自己的观点。这样多试几次，你会发现与人沟通并没有你想象的那么难；当你每次遇到陌生人时，都要微笑着主动与他人打招呼，对方也会对你微笑。也许就是一个简单的微笑，就能得到不一样的收获。至少避免了冷场和尴尬。

爱的练习题

（1）你是一个沉默的人吗？沉默是否给你的人生造成了消极的影响？

（2）如果你是一个沉默的人，你会如何规划自己的人生？

回答越简单，伤害就越大

推心置腹的谈话是心灵的展示。

惜字如金，是一种处世哲学，但你有没有想过，它有可能也是一种伤害。

很多人认为多说无益，所以不愿意过多地与他人交流，仅用简单的"哦""嗯"，或是毫无感情地回答一句"好吧""行""你看着办"敷衍了事。每个人都希望得到他人的理解、得到他人的关心，当你如此简单地回答他们时，你觉得他们能感受到你的温暖与关怀吗？你只言片语的回答，会让他人有一种不被重视甚至被忽视的感觉，给他人的心灵造成伤害。

你的回答越是简单，给他人造成的伤害就越大。过于简单的言语，很有可能引起不必要的误会，导致气氛冷漠、关系失和、矛盾加剧，甚至情感破裂。

　　小夏是一个情感细腻、敏感的女孩，她与男朋友在一起已经两年了。但她始终觉得恋爱的感觉平淡、无味，根本找不到影视剧中那种心动的感觉，她甚至觉得和男友在一起仿佛在透支自己的青春。

　　她的男朋友是一个比较高冷的男生，不喜言语，每次小夏和他聊天时，他都是"哦，哦"应付。这种无所谓的态度令小夏很是不满，碍于两人之间的感情，她都忍下了。直到有一次，他们一起去逛商场，小夏想买条裙子，试了一条又一条，每条都感觉不错，却犹豫不决，拿不定主意。于是，她便询问男友的意见。男友一边看着手机，一边闷声回答："都不错啊！"见其如此，小夏积压在心底的怒火终于爆发了，甩下衣服，头也不回地离开了商场，留下男友直愣愣地目送她的背影。

　　最终导致他们分手的，还是前几天发生的事情。当时小夏出差去外地，回程前特意给男友打电话，说自己的班机大约半夜三点钟到达，让他过来接机。男友又习惯性地"哦"了一声，就挂了电话。

　　当小夏下了飞机，却到处都找不到男友的身影。这时的她又累又饿，感觉机场的空气好像都要结冰了，一种莫名的孤独感，瞬间涌上了心头。她从未有过如此沮丧的心情，无奈之下，她给同学打了电话，没想到同学很快就赶来了机场。这一刻，她毅然决然地选择和她的男朋友分手。男朋友居然还没有同学对自己体贴，这样的男友不要也罢。

　　男友并不同意分手，但她心意已决，毅然回绝了男友继续交往的建议。她觉得男友宁愿看那些无聊的烂片，也不愿与她多聊几句，宁愿打游戏至深夜，也不想听她说自己的心事，自己已经没有时间跟这种人一起浪费青春了，即使真的走向了婚姻，也不可能得到自己想要的幸福。

在这段交往中，她感觉自己很受伤，她为自己的"悬崖勒马"感到庆幸。

当事人为什么会有受伤的感觉？是因为她没有得到积极温暖的回应，只听到了简单且没有温度的"哦"。

当他人主动发出信息并期望你做出回应时，你的沉默或者拒绝会给他人造成很深的伤害。

如果一个年幼的孩子向家长发出信息并期待回应时，父母的拒绝会给孩子留下心理阴影。

之前在一本书中曾看到过这么一个故事：一个单亲母亲，由于工作很忙，在孩子很小的时候，经常将他关在屋子里。孩子感到非常害怕，总是会在屋内叫她："妈妈，和我说说话吧，我害怕！"却很少得到她的回应。即使她在家中，也常常因为忙于家务，对孩子鲜少问津。就这样孩子孤僻地长大了，他变得内向、敏感、不合群，甚至有些暴戾，最后因为一点小事将人打伤，锒铛入狱。

这个故事中的小孩，因为自己母亲鲜少的回应，给他的成长造成了多大的伤害啊！母亲的不回应给孩子留下的心理阴影会伴随着孩子成长，成年以后，他会以同样的方式对待他人。没有回应，就如同活在黑暗之中，有了回应才有了光明。主动沟通、热情回应，对人与人之间的情感交流是非常重要的。

　　网上曾经有一个关于最无聊、最伤人的词汇调查，"哦"和"呵呵"这两个词荣登榜单，其中"哦"更是摘得"桂冠"。这种简单的词语，根本不适合人与人之间情感的交流。从心理学层面来说，它通常是在感觉无话可说时的一种被动，甚至可以说是敷衍的回应。当对方主动与你沟通并期待你的答复时，这种简单的回应是很伤人的。

　　简单的回应常常让身边的人有距离感，自己也常常感觉很孤单。总之，当有人主动与你交谈时，千万不要给对方一个有距离感的、冷冰冰的回应！

爱的练习题

（1）当对方向你发出信息并期待你回应时，你该如何回应呢？

（2）你曾经是否被简单的回应伤害过？

其实，没耐心也是一种暴力

　　耐心是高尚的秉性，坚韧是伟大的气质。无论何人，若是失去耐心，便失去了灵魂。

　　暴力在很多人的观念中都是与拳脚相向联系在一起的。其实不然，除了身体暴力，还有精神上的暴力，也就是所谓的"冷暴力"。这是一种隐性暴力，是一种精神上的虐待。这种隐性暴力有时比显性暴力对人的伤害更大，甚至有可能造成心理上的疾病。令人担忧的是，目前很多人对这种"冷暴力"的认知存在很大的偏差。

由于"冷暴力"具有隐蔽性这一特点，也就很少会引起人们的关注。这种隐蔽性体现在它的存在不是直接的、明显的，而是以一种看似积极、人性的方式潜移默化地植入某种文化和习惯中去，会让承受者很难察觉，有时它就像一张网，将承受者牢牢禁锢其中。

其实在我们的和平生活中，这种"冷暴力"的存在更为突出和普遍，它离我们并不遥远，甚至就在我们的身边经常出现。比如，没有耐心，它就是这种暴力。

小文是一个楼盘销售人员，她在日常的工作当中，还算是一个认真负责的好员工，但有一点不太好：她的性子特别急躁，常缺乏必要的耐心。

小文所售的楼盘，是刚需型的快销楼盘，户型不大，都是一百平米左右的两房、三房，主要以年轻客户为主。由于户型不大，总价不高，有些客户又是急着结婚用，所以销售速度一直很快。很多客户大都是看一遍，差不多就可以定下了。但是，小文遇到了一位阿姨，看了多遍，却迟迟不定。

阿姨心细、问题多，遇到不明白之处，总是会不厌其烦地反复询问、确认、再询问，这让小文很是不耐烦。但是在阿姨面前，她还能克制住自己，并没有直接表现出来。就这样，这位阿姨前来咨询过好几次了，还没有确定要买，一直说要等到儿子回来后看看再说。小文这时真的有些烦了，想想自己在阿姨身上浪费了这么长时间，还没有成交，看这个情形，可能等到清盘的时候都难做成这单，小文越想越郁闷。

　　这天，阿姨又来售楼处了，小文远远看到，急忙想找个地方躲起来。可是这位阿姨虽然上了年纪，但眼神倒不差，一眼就看到了小文，喊住了正想落跑的她。小文只好不情愿地折了回来。这时的小文心情简直是差到了极点，根本没有耐心再去重复已经说了N遍的话题。

　　阿姨每问一个问题，她都很没耐性地"嗯、嗯、嗯"地敷衍了事。阿姨得不到明确的答复，就跟小文说："小姑娘啊，我要是买，肯定是在你手上买的呀，但买房不是买菜，可是要花上我大半辈子的积蓄啊，我总要搞明白的啊！"这时，小文终于忍不住爆发了："阿姨，你都来了几次啦？比你后来的客户早就成交了，你还在那看来看去犹豫不决的，你知道这是在浪费我的时间吗？你若没事，可以去逛逛商场买买菜，能不能不要来消遣我啊？"小文的这一番话把阿姨给说愣了，站在那半晌儿没吭声。这时经理闻声赶来，让其他同事将小文带走，亲自给阿姨道歉。

　　这时阿姨开口说道："我定金已经带来了，今天过来就是想把房子定下来，过两天儿子回来签合同的。我只是想在交定金之前再了解一下，心里好有个底！但你们的这种服务态度太让我失望了，这房子我也不定了，这么多的楼盘，我还不信就买不到合适的房子了！"说完这话，阿姨不顾经理挽留，转身就走了。

　　想一想小文的下场吧，虽然没有直接被开除，但却被停职，和新入职的员工一起去参加岗前培训了，因为经理觉得她现在根本就不具备一个职业房产经纪人的素质。

是的，耐心就是一个人的基本素质。本来好好的一单就因为小文没有耐心而告吹了。她与阿姨虽然没有发生激烈冲突，但却深深地伤害了阿姨的心，以至于定金都带来了，却没有成交。想想阿姨走时是怎样的心情啊！其实，没有耐心也是一种暴力！它是一种冷暴力，这种暴力让你无从察觉，但是它的危害却是实实在在存在的，其威力不亚于肢体的暴力冲突。

在我们的生活中，这种冷暴力无处不在，除了没有耐心，它还有多种表现形式，比如：冷淡、轻视、放任、疏远、漠不关心等等。由此可见，它的范围之广，已经远远超出了我们的想象。它致使人们在精神上和心理上都受到了侵犯和伤害，也是破坏现代婚姻家庭的重要因素。

那么，我们该如何避免没有耐心这种冷暴力的危害呢？我们可以从以下几个方面着手：

首先，我们要学会管理自己的情绪。在发现自己的情绪正在往不好的方向发展的时候，我们可以先深吸一口气，稍稍平复一下自己的心情，同时问问自己，因为一时的情绪发泄而给别人造成了伤害到底值不值？当你想清楚事情利弊的时候，就能控制好自己的情绪了。

其次，要学会尊重对方，多考虑对方的感受。有些人在与他人相处的时候，心里只装着自己，根本就不会去考虑他人的感受，总是不假思索地直接表达自己意愿，这样往往会使原本亲密的关系受到伤害，让他人产生一种不被重视不被尊重的感觉。要学会倾听对方的感受，真正理解对方的思想，只有两个人心意相通，才能促进双方关系的和谐发展。

最后，多与对方交流，减少误会的产生。如果你一直不愿意向他人敞开心扉，那他人如何能够走进你的世界？通过平等交流，走近双方的心灵，表达自己真实的想法，减少不必要的误会，有助于培养共同的话题和兴趣，促进感情的升温。

爱的练习题

（1）在爱情中，如果失去了耐心是否就说明已经不爱了呢？你怎么看？

（2）你曾经对某些人失去过耐心吗？

别以为你的抱怨无关痛痒

把坏事当好事办，人生就只有快乐、没有抱怨！

鲁迅笔下的祥林嫂本来是颇受鲁家喜爱的，后来丈夫因病去世，儿子也惨死狼口，她为了宣泄自己内心的痛苦，逢人便讲述儿子的惨死和自己悲惨的命运。刚开始乡邻们对她的不幸还深表同情，但时间长了，就遭到了别人的厌恶，直到最后连自己的东家都忍受不了，将之赶出家门。最终她沦落街头，结束了自己艰难不幸的一生。

"人生不如意事十之八九"，在人生的道路上，没有谁是一帆风顺的，我们总会遇到大大小小的困难。很多人在遇到困难或不顺时，总会通过抱怨来宣泄自己的情绪。是的，也许抱怨确实可以宣泄自己一时的情绪，得到别人一时的关注与同情，但抱怨多了却会招人反感，不会给自己带来任何好处，甚至会加剧自己不好的情绪。

虽然抱怨只是一种语言而非行动，但是一个人过多地被这种语言困扰时也会失去行动力，最终把事情搞得更糟。

别以为你的抱怨无关痛痒，它有时可能是埋在你身边的一颗定时炸弹。

号子大学一毕业就顺利地进入了一家外企工作，在生产部门担任质量工程师助理。公司鼓励员工与管理层平等交流，向上级多提宝贵意见，所以工作氛围比较轻松。号子很认同这种企业文化，因此工作积极性一直很高，有什么问题和想法也会直截了当地向领导提出来。

前段时间，来了一位新厂长，是一位有着多年管理经验的老外。号子还像往常一样遇到问题就主动向这位厂长提出来。每次提意见时，厂长会很有耐心地倾听，也会针对问题及时做出一些恰当的反馈，因此号子觉得与他沟通特别愉快。时间久了，号子却发现，厂长虽然接受了他的意见，却从未做出过改变，想想前任厂长总是能及时采纳自己的建议，再看看现在，他的心里产生了一种莫名的失落感。于是，他的心里便产生了很多不满，时常发牢骚，抱怨这抱怨那，对工作的满意度也开始下降。

现在他已经完全失去了工作的积极性，经常怨天尤人，导致工作频频出错。有一次在会议上，他爱抱怨的毛病又上来了，跟领导发生了争执，直接被公司解聘了。后来他又找过了几份不错的工作，可是没过多久，就觉得这些公司的管理和运营存在很多问题，开始抱怨起来。时间长了，自己也十分郁闷，工作也搞得一塌糊涂。

号子只知道一味地抱怨，却没有真正去了解他人的想法，与他人做好相应的沟通，最终没能达到自己想要的结果，反而引起他人的厌恶，根本就是一种得不偿失的行为。

由此可见，抱怨对人自身的影响还是非常大的，它不但会影响自己的情绪，还会给自己的生活和工作造成很大的负面影响，给与他人交往造成障碍。我们身边也存在很多爱抱怨的人，他们自认为很委屈，很需要别人的同情，却不想想，他人在面对抱怨的时候将会是一种什么样的心情，也许别人本来想帮他解决问题的，但受不了他无休止的抱怨而"搁浅"了。

所以说，抱怨根本不会给自己带来什么好处。即使抱怨让你获得了他人的同情，证明了自己的无辜，获得了一时的心里平衡，那又能怎样，根本改变不了什么。相反，不抱怨往往会给自己带来新的机遇：

不抱怨就是不给自己放纵的借口，让自己学会一个人独自承担责任；

不抱怨会让自己有一个乐观、积极的心态；

不抱怨可以让自己变得冷静、沉着，如此便会以充足的智慧和行动让事情转危为安；

不抱怨会让自己获得生命的尊严，让自己重新充满自信，在改变自己的同时，也有能力去帮助他人。

当你遇到一些问题时，不应该一味地抱怨。首先，我们要平复自己的情绪，你可以做做类似深呼吸等一些简单的有氧运动，稍稍平复一下自己的心情，然后回想发生在自己身上的事情，找出问题所在，试着去解决它；其次，将自己激动亢奋、不可一世的情绪收起来，以一种诚恳的态度去对待他人，最终应该会起到不错的效果。最后，要与他人平和地沟通，将问题摆到桌面上来，并且让他人看到自己的真诚。这样才能真正的解决问题。

爱的练习题

（1）你曾抱怨过身边的人或事吗？

（2）如果你是一个爱抱怨的人，你将如何去改变自己？

愤怒也需要"表达"

一个人愤怒地大喊大叫，是可笑的；一个人在愤怒中沉默不语，是可怕的。

正如，现在网络上铺天盖地的鸡汤文中所描写的那样：愤怒是我们的敌人，它对我们毫无意义，甚至会给我们带来灾难性的后果；我们要想成为一个内心强大的人，就必须克制愤怒、消除愤怒。这些话虽然听起来悦耳，但实质上对我们毫无意义。一个内心真正强大的人并不是要消灭愤怒，而是要懂得与愤怒成为朋友，学会如何去表达愤怒，学会将它变成我们力量的源泉。

俄罗斯总统普京曾说过"没有实力的愤怒是毫无意义的"，当然他并不是鼓励我们随意地愤怒，而是告诉我们，要在恰当的时候，将愤怒当成一种相应的能量发作。

愤怒是一种常见的心理情绪。每个人遇到不顺心的事情，都会产生愤怒情绪，并且会伴随十分强烈的冲动，想将其发泄出来。即使是平时忍耐力很强的人，有时也会控制不住自己情绪的发泄。

每个人处理愤怒的方式都不相同，通常来说，主要有两种：

第一种：以发怒的方式发泄愤怒。

研究表明：人在愤怒的时候，意识范围会缩小，思想会变得偏激，主观意识化会变严重，自控能力也会随之变弱，其结果就是，会将平时无关紧要的小事无限夸大，直至使它变成冲突爆发的导火索。以发怒的方式发泄愤怒，往往会引发对方的愤怒和不满，在伤害对方的同时，也会伤及自己。这种冲突往往会阻碍问题的解决，导致人际关系的破裂。

第二种：以抑制的方式隐藏愤怒。

以抑制的方式隐藏愤怒，就是将愤怒压制在心里，甚至不承认它的存在。这种方式虽然不会造成直接的冲突，但是却会损害个人的身心健康。

"不在沉默中爆发，就在沉默中灭亡"，这种无声息地压制自己情绪的方式，往往会给人际关系带来隐患，长时间压抑自己的愤怒情绪还会形成冷漠和退缩的人格特性。

这种负面情绪如果不能及时化解，就会以间接方式发泄出来，会泛化或者移情，这样的例子在生活中非常常见，如：在单位被老板责骂，回家拿家人撒气；被自己的男友抛弃了，就觉得全天下的男人都是禽兽，等等。另外，压抑和隐藏自己的情绪还会让对方产生误解，觉得你不在乎，对你做出不正确的回应。

因此，无论是发泄还是压制愤怒，都不是适当的情绪反应，都不利于建立起良好、稳定的人际交往关系。

　　小明阳光帅气、品学兼优，在学校非常受女生欢迎。一天，小明的好友强子告诉小明，胖虎喜欢的女孩喜欢小明，因此胖虎非常不爽，准备找机会好好收拾小明，让小明做好防范。

　　有一天晚上放学，胖虎真的将小明堵在了巷子口毒打了一顿。这时，强子因为害怕被连累趁乱开溜了。

　　之后几天，小明都难以抑制住自己的愤怒，他气的不仅仅是被胖虎打了，更多的是，强子居然在他需要帮助的时候离他而去。

　　一日，强子主动来找小明，向他承认错误，并且解释说，他并不是不想帮助小明，而是当时他也被吓坏了。

　　对于强子的解释，小明完全听不进去，愤怒与委屈突然全都涌入了小明的心头，他重重一拳将强子打倒在地上。强子错愕地看着像疯了一般的小明，他没有反抗，默默地看着周边的人将小明拉开。

　　冷静下来的小明，非常后悔。他应该反抗的是胖虎，但是他却欺负了对他还算仗义的强子。小明将愤怒转移到强子身上，最终造成了他们关系的破裂。

从小明和强子的例子中，不难看出不当地发泄愤怒，对建立良好的人际关系非常不利。其实面对愤怒时，我们有更加健康、有效的方式，那就是有分寸地、建设性地去表达这种愤怒。

　　实际上，并不是所有的愤怒都是消极的，只要驾驭得当，就能变害为利。而有分寸地表达愤怒，就是一种在理智控制下，可以取得有益效果的方式。这种表达愤怒的方式，能够了解对方对事情或他人言行的感受和反应，从而有针对性地引导对方改变不恰当的言行。这种方式比起以压抑的方式隐藏自己的情绪，更加有利于人际交往的正常发展。

那么我们在表达自己愤怒情绪的时候，应该注意哪些方面的问题呢？

第一，对事不对人，不要对个人存有偏见；

第二，不翻旧账，过去的事已经过去了，只针对眼前的问题；

第三，学会尊重，不涉及对方的家庭、外貌、种族、社会地位和说话方式等问题；

第四，不要限制、制止对方发火。面对怒火时，对方有回应的权力。适当地互相发火有助于消除紧张和猜疑的气氛；

第五，要勇敢地承认自己的错误，为自己不当的言行向对方道歉；

第六，发火也要有理有据，在发火之前，一定要找到对方过错的确凿证据；

第七，让对方明确地知道你发火的原因；

第八，给自己留有余地，任何事情都不要做绝，在心情平复下来以后，可以重新考虑和对方继续交往，或者做出让步；

第九，如果有可能的话，要给对方留一条退路，或者给对方留个台阶下。

愤怒不仅仅是一种负面的情绪，只要合理有效地表达，也可以起到积极的作用。它不仅可以帮助我们了解自己的需求和底线，提醒我们维护自己的切身利益，还可以帮助对方衡量自己的所为。只要我们有分寸、有建设性地表达，它就可以帮助我们更好地表达彼此之间的情感，建立起良好、稳定的人际交往关系。

（1）对方对你发火的时候，你一般会采取怎样的方式去应对？

（2）当你愤怒的时候，你会毫无顾忌地发泄出来，还是压抑自己隐而不发？为什么？

坦承自己的错误，学会自我批评

人们在批评的筛子里寻找一切奥秘。

卡耐基曾在他的书中介绍过，他的档案柜中有一个私人档案夹，里面记录着他做过的"蠢事"，每当他做了一件"蠢事"，他都会让自己的秘书记录下来，有些时候因为做的事情太过愚蠢，他不好意思请秘书记录时，就只好自己写下来。

每当他遇到了困难，他都会拿出那个"蠢事档案"，重新看一遍他对自己的批评，这样可以帮助他处理最难处理的问题，学会管理自己。

在我们的日常生活中，每个人难免都会犯一些错误，但是面对错误的时候，大多数人都不愿意坦诚自己的错误，甚至会千方百计地找借口，为自己开脱罪责。但是真正聪明的人，都会坦诚自己的错误，并在错误中学会自我批评，在批评中改正自己的错误，不断地提高自己，使自身得到更快的进步。

乔治·华盛顿总统小的时候，他家的种植园中种植了很多果树，其中有一棵是乔治的父亲老华盛顿先生从大洋彼岸购买的品种珍贵的樱桃树。老华盛顿先生非常喜欢这棵樱桃树，命令仆人一定要照看好。

有一天，老华盛顿先生出门前，交给了乔治一把锋利的小斧头，让他清理种植园的杂草。乔治拿着小斧头高兴极了，跑到种植园内就是一通乱砍，不小心将那颗珍贵的樱桃树砍断了。

晚上，老华盛顿先生到回家，发现他喜爱的樱桃树被砍断了，非常生气，大声训斥仆人。

这时，乔治正好经过，听到了父亲的训斥声，他意识到自己闯了祸，内心非常害怕，但他还是决定承认错误。

乔治来到父亲面前，对父亲说："虽然我很害怕你的责罚，但是我不能说谎，樱桃树是我砍断的！"

华盛顿先生此时冷静了下来，问乔治："乔治，你为什么要将樱桃树砍断？"

乔治回答道："对不起，爸爸，我当时正在玩，一不小心就……这都是我的错！"

华盛顿先生用手摸了摸乔治垂下的小脑袋，"看着我，乔治"，接着说，"失去这棵樱桃树，我非常难过，但让我高兴的是，我的孩子有勇气坦诚自己的错误，这点可比拥有一个种满了樱桃树的果园更让我高兴！"

乔治·华盛顿勇于承认自己的错误，并能够以此为戒，这是他能够走向成功的助力。很多人在犯了过错的时候，为了维护自己的尊严或者利益不愿去承认自己的错误。拒绝承认错误有时是一种下意识的行为，虽然搞不清楚其中具体的缘由，但是我们清楚，这种行为非常不好。愚蠢的人总会想尽各种办法辩解或掩饰自己的错误；真正聪明的人，会毫不犹豫地承认自己的错误，做自己最严格的批评者，因为这会让他自己得到成长。

安东尼工作热情、认真负责，虽然刚来公司不久，却已经深受领导和同事们的好评。但是有一天，安东尼因为一时的疏忽，将一件价值万元的商品，以促销产品的价格卖给了一位客户。当安东尼意识到自己的错误时，第一时间便决定主动去向经理承认错误，并做出深刻的自我批评。同事们都觉得安东尼简直是太傻了，这样一定会丢掉自己的工作，纷纷前来劝阻，但是安东尼思来想去，还是觉得应该坚持自己的想法。

第二天，安东尼来到经理的办公室，诚恳地对经理说："经理，我感到非常的抱歉。我犯了一个很大的错误，将上万元的产品以促销品的价格低价卖给了客户。我为自己的愚蠢感到羞愧，我愿意辞掉这份工作，作为对自己的惩罚。还有这是我对公司的赔偿。"说完，安东尼双手递上赔偿金。

经理并没有接安东尼的赔偿金，他看着安东尼的眼睛，说道："你真的要这么做吗？"

安东尼肯定地回答道："是的，经理，我愿意为自己的错误承担责任！"

经理被安东尼这种勇于承认错误的真诚态度感动，觉得安东尼是一个有责任心、有担当，诚实可信的人。

经理觉得安东尼这种勇于承认和改正错误的行为难能可贵，他自然没有批准安东尼的辞职，也没有接受赔偿金，反而决定重用安东尼。

每个人都会犯错，有些人选择掩饰自己的错误，而有些人却坦然承认自己的错误，勇于做自我批评，并愿意承担因此造成的后果，就像上文中的安东尼那样。其实在错误和逆境当中学会自我批评，往往是完善自己的前提，正如美国诗人沃尔特·惠特曼说过的那样："你并非只能向喜欢你、赞同你、仰慕你的人学习。从那些反对你、批评你的人那儿，你可以得到更多的教训。"

人只有在不断改正错误的过程中才能够不断地取得进步，因此我们应该以一种正确、积极的态度去面对错误，不应该回避或掩饰自己的错误，要学会自我批评。

首先，我们要保持良好的心态。听到他人在谈论我们的缺点或者说我们的坏话时，不要急于为自己辩护，不妨先告诉自己："我本来就不完美，如果让他们知道了我其他的缺点，也许他们会批评得更厉害呢？"连伟大的科学家爱因斯坦都承认自己的结论99％都是错误的，我们肯定也犯过不少的错误，这个批评可能来得正是时候，如果真的是这样的，我应该感谢他们，并从中吸取教训，还能从中获得益处。

其次，要实事求是。判断一件事情或一个人，应该摒弃外界的影响和偏见，要实事求是、客观公正、恰如其分地进行自我批评，确保批评的方向明确精准不跑偏，内容真实客观不空泛，才能让他人心悦诚服，真正起到警醒自己、提升自己的目的。

最后，要真诚、坦诚。批评并不是为了发泄自己的情绪，批评的本质意义是一种关爱。只有真诚、坦诚的人才能够展开负责任的批评。当我们面对缺点和错误的时候，该反省的反省、该批评的批评，自我批评应该直言不讳、直奔主题，避免出现绕来绕去、不痛不痒的现象。要把问题谈深、根源说透、扫清顾虑，以批评为戒，才能达到增进感情、促进交流的效果。

爱的练习题

（1）你犯了错的时候，会坦然承认自己的错误吗？

（2）你觉得自我批评会给你带来什么好处？请举例说明。

02

扔掉暴力，拾起"爱的语言"

不要被道德"绑架"

不会宽容别人的人，是不配受到别人宽容的。

中国素有"礼仪之邦"的美称，在传统文化中，道德又是仁义的基础，治理国家要以德治天下，为人处世要以德服人，可见道德的重要性。道德是个人品行的体现，是个人行为的规范和准则。道德是人类发展的助推器，如果没有道德，很难想象今天的社会将会发展成什么样。

对每个人来说，对道德的要求是不同的。你可以用道德来约束自己，但是若以道德的砝码来强迫别人做违背他人心意的事情，那就是道德绑架。

"禁人作恶，可也；强人行善，绑也。"所谓的道德绑架，就是"用圣人的标准来要求普通人，用美德来胁迫他人履行强加的义务"，其根源是道德判断逻辑的混乱。比如，酒桌上人家敬酒，你若不喝就是不给面子；邀你打牌，你若不会就是不合群；公交车上来了老人孩子，你若不让座就是没素质；朋友找你借钱，你若不借就是小气。

有些人不会考虑你不喝酒是因为真的不能喝；不打牌是因为真的不会打；不借钱是因为那几天正好你也经济紧张。

这样的例子在现实生活中比比皆是，但人们却习惯性地对他人进行道德绑架。

　　我一个朋友，大学本科毕业留在了大城市，经过几年奋斗，如今拥有一份收入不错、令人羡慕的工作。在外人看来，他也算是个成功人士了，然而，只有他自己知道自己的苦恼。

　　他一直都是父母的骄傲，但是现在已经三十多岁的他依然没有结婚，这已经变成了父母的一块心病，甚至是父母的"耻辱"。每次回家，他都会像囚犯一样被父母轮番审问、训诫。父母以断绝亲子关系相逼，亲戚也轮番上阵，就连邻居都会补刀说他家的小孩都会打酱油了。那日子过得简直苦不堪言，俨然就是一场没有硝烟的战争。

　　现在，一想到回家，他整个人都感觉不好了，经常要想各种对策来应付逼婚的父母。就算他不回去，也阻止不了父母三天两头电话打来让他回去相亲。前不久还下了"最后通牒"，如若春节前还没有将女朋友带回去，以后就再也别回去了。

　　最近他妈打电话给他，只说家里有事，让他赶紧回家。因为父母年龄都大了，所以他立马请了假，连行李都没拿就直接买票回去了，到了家里，就感觉气氛不大对劲：父母平日阴郁的脸上泛着喜气，这让他有着不详的预感。果然，当他走进客厅时，见一女孩坐在沙发上，笑得腼腆。那女孩一见他走进来，脸顿时红了起来。这时，他已经猜到发生什么事了。便将母亲拉进卧室，询问到底是怎么回事？他母亲却说自己的儿子自己清楚，自己若不操心，只怕这辈子都抱不上孙子了，甚至还说，他们已经认准这位姑娘了，若是不娶，就不认他这个儿子。让他娶一个曾未谋面的陌生女人，这怎么可能呢？一气之下，他离开了家。

　　他能理解父母的心情，其实他自己也挺着急的，可婚姻不是儿戏，自己的终身大事就这样草草地决定了，不但是对自己不负责任，也是对那个女孩、对双方家庭不负责任。他不能仅仅为了顺从父母的心意而害了自己，害了大家。但是，他实在不知该如何面对自己的父母。

现在的年轻人，尤其是八零九零后们，面临着巨大的生活压力，晚婚已经成了比较普遍的现象。作为父母，在思想和生活理念上与儿女有着非常大的差异，根本无法用对错去衡量双方。他们之间似乎有一道很深的鸿沟，难以跨越。其实，这个时候就需要做儿女的能够耐心地多与父母沟通，要让父母知道自己也一直在努力，你并非不想结婚，而是渴望能有一个高质量的婚姻，只是暂时还没有找到合适的对象。当然也要理解父母的一片好意，他们这么做完全是出于对自己的爱。但是出于道德绑架的婚姻是不可能幸福的。

在现实社会，存在着各种各样的道德绑架行为。面对这种绑架，我们应该如何去面对呢？

首先，我们要端正自己的态度，听从自己的内心。我们不是为他人而活的，我们不能被他人的思想和言行所左右，要活出真正的自己。道德是用来提倡的，而不是用来绑架的，我们不能助长那种理所当然的强索，面对这种强加给自己的枷锁，我们要坚决地说不！

其次，我们要多与他人沟通交流，了解彼此的想法，只有做到真正地了解彼此，才能做出正确的选择。用自己的爱去温暖对方，用自己的实际行动去帮助对方，只有这样，才能摒除他人对自己不友好的道德绑架。

最后，道德是用来约束犯错的人的，不是用来禁锢无辜的人的；道德是发自内心的，不是被强迫的。一旦开始了道德绑架，爱也会变质。

从现在开始，对待他人，我们不要再用道德来绑架他人的善良之心了；对待自己，也要从自己的内心出发，在自己力所能及的范围内帮助他人，而不是用道德来绑架自己！拒绝道德绑架，从你我做起！

爱的练习题

（1）你是否也曾被道德绑架过？

（2）当你遇到道德绑架时，你会主动说不吗？

强势从来不起作用

在婚姻中，强势反而不容易幸福。

美国心理学家曾做过一个这样的心理调查：让一个彪形大汉横穿拥堵的马路，愿意给他让路的车辆不到50%，发生车祸的概率很高；而让一个老弱病残去横穿马路，却是万人相让，大家觉得对方是弱势群体，还认为自己是在做善事，发生车祸的概率几乎为零。

这就说明了一个问题，人们往往愿意去谦让那些弱势的人，却不愿去姑息一个强势的人。所以，很多时候，太过强势根本就起不到作用，反而会成为你康庄大道上的绊脚石。做人做事，如果能经常以弱者的姿态出发，以弱者的面貌去把控自己，仿佛才能成为最后的赢家。弱势不是怯懦，而是一种为人处世的胜出策略。

强势，一般是指某个人有主见，以自我为中心，而且作风果断，还喜欢用自己的意愿来强迫他人。在我们的生活中，强势的人不少，他们总是坚信自己的所作所为就是正确的，将自己的主观意识强加给他人，其结果往往违背预期。这种人大都性格倔强、脾气火暴，争强好胜，对自己和他人的要求都很高，事业上有可能取得成功，但一旦失败，他们就会产生悲观、焦躁等负面情绪。他们又看重物质和身份的追求，爱面子，爱较劲，甚至以争强好胜的心态去维护自己的价值。一旦产生这些负面的情绪，不但难以实现自己的目标，还不利于自身的健康发展。

强势的人未必就是强者，弱势的人未必就是弱者。俗语有云："刚者易折，柔则长存！"强势者并不一定能成功，有时候可能会适得其反。所以说，强势在很多时候并不起作用。

陈军三十岁的时候，经人介绍认识了他老婆。老婆比他大三岁，是个相当强势的女人，非常有主见，做什么事情都以自我为中心。刚开始，陈军觉得有个强势点的老婆也没什么不好，起码她非常能干，里里外外都是一把手，他觉得非常省心。

随着时间一天天过去，陈军才开始意识到，原来娶个强势的老婆并没有想象中那样的省心，反而使自己越来越闹心。起初陈军单位的效益还不错，他在单位混得风生水起，所以并没有将家里的一些琐事放在心上。他老婆在家附近承包了一个小超市，由于老婆比较能干，超市的生意也非常不错。婚后第二年，他们又迎来了自己的女儿，日子过得也算幸福美满。

可是后来陈军的单位因效益不好倒闭了，陈军下岗了。他老婆超市的生意却越做越好，接连开了好几家连锁店，这时他老婆在周边邻里间的名气也越来越大，大家都认为她是个能干的女强人。

刚好那时保姆有事请假回老家了，陈军的老婆认为，反正现在家里也不缺钱花，陈军根本就没有出去工作的必要，就自己做主将保姆辞掉了，强迫陈军在家里做家务，接送孩子上下学。他很不愿意待在家里做一个"吃软饭"的男人，但现在保姆已经被辞掉了，而老婆又那么忙，根本没有时间照顾家庭和孩子，虽不情愿，暂时也只能如此。

一次，陈军在街上遇到高中同学，由于多年不见，两人似乎有说不完的话，于是两人就找了个酒馆喝了起来。由于陈军在家中被老婆压得死死的，心中一直非常郁闷，于是趁着酒劲向同学发起了牢骚，就这样不知不觉聊到了很晚。

陈军一回到家，就看到平日要到半夜才回来的老婆，脸色阴郁地坐在客厅的沙发上，劈头就对他一顿呵斥："你忙什么去了？让你看个家，接个孩子都不会啦！"陈军悻悻地回答："遇到一老同学，喝点酒、谈点事情就忘了时间。"这时他的老婆更加气愤了，冲着他怒道："谈事情？你有什么事情好谈的。这个家现在是我在养着，你只是帮忙接个孩子都做不好，你还能做什么？"陈军本来是想为自己辩解两句的，但听到了老婆这么伤人的话，又活生生将自己的话咽了回去。但是他老婆依然不依不饶，又要与他约法三章，听着老婆无理的要求，他这些年的无奈与委屈如山洪一般爆发了，他觉得自己根本就不是一个丈夫，而是老婆花钱雇来的保姆，他觉得委屈极了，于是摔下手中的钥匙，夺门而去，一整夜都没有回来。他那原本幸福的婚姻现在岌岌可危了！

在当今的婚姻生活中，妻子强势丈夫弱势也是很常见的。但是这样的婚姻生活，往往并不幸福。强势的女人对男人是有双重标准的，既想他唯命是从，又想他能有所担当，自己想说一不二，又希望自己的丈夫能予以依靠。男人往往也难以适应老婆的这种矛盾心理，想做家里的顶梁柱，老婆又不放权，想做一个贤内助，又怕老婆挖苦耻笑，真的是左右为难啊。在如此高压的环境中，男人可能会对婚姻产生恐惧，甚至会有逃离的想法。因此，强势在婚姻中起不到任何作用。

不仅仅是在婚姻生活中，就是在其他的情况下，强势也未必会得到自己想要的结果，对自己的朋友、同事或是下属，强势未必能起到作用，很多时候甚至会适得其反，让原本融洽的关系变得紧张。那么，如何才能做到不伤害这种和睦的关系呢？

首先，要懂得适当示弱。示弱并不代表自己真的就是弱者，弱势有时也是一种天赋，真正优秀的人，要懂得利用自己的天赋，懂得韬光养晦的道理。老子曾说过"天下之至柔，驰骋天下之至坚！"所以，以柔克刚其实是更深层次的张扬。

其次，我们还应该坚持自己的原则，不能一味地示弱，在很多时候强势也是一种长处，我们应该利用好这种长处去积极地迎接挑战。在解决问题的过程中要沉着冷静地思考，避免负面情绪的产生和矛盾的激发。所谓平平淡淡才是真，如果你是一个强势的人，你要放缓自己的步伐，将"不作为"贯彻到日常的生活中，稳住平常的日子，那么对你而言就是很大的进步。

再次，在日常的相处过程中，就算你觉得对方的做法或选择是不正确的，也不要不留情面当众指出，要给予对方足够的空间和基本的尊重，每个人都有在自己的摸索中失败的权利。如果在彼此共同的领域内发生了分歧，也要充分为对方温和的性格考虑，不要针锋相对以强势者的态度去争取。

最后，跟不同的人打交道要采取不同的方式，不论与谁相处都要学会变通。不要一味的强势，这样不但会让对方觉得反感，自己也得不到任何的好处。只有改变这种强势的态度，平等地与他人交流，才能营造出和平共处的融洽氛围。

爱的练习题

（1）你觉得强势等同于强者吗？

（2）如果一个强势的人和一个弱势的人同时向你求助，你更愿意帮助谁？为什么？

不幸往往都来自比较

幸福的家庭都是相似的，不幸的家庭各有各的不幸。

记得曾经听到过这么一个故事：一朵生长在山间的野百合和一只百灵鸟是一对非常要好的朋友，百灵鸟每次从别处飞回来总会给野百合讲述外面世界的精彩。起初，它们相处得非常融洽，野百合觉得有这样一个朋友很幸福。可不知从什么时候起，百灵鸟从别处飞回来，总会提及山下河床上的一株红玫瑰。百灵鸟赞美玫瑰比野百合还要娇艳，比野百合还要芬芳。野百合听到这些，越想越不开心，于是它们之间就产生了隔阂，最终它们连朋友都做不成了。

从小就听长辈说过这么一句话"人比人，气死人！"比较往往就是烦恼的源泉，不幸的开始。人的欲望是无限的，满足不了就不痛快。在现实生活中，比较无处不在。比如，别人家的孩子；别人的男友；别人公司的领导。而且还美其名曰，比较只是为了激励对方，而非打击对方。他们的言语之间，似乎渗透的都是对对方的爱，殊不知，这种比较已经给对方造成了深深的伤害。

燕子和小军自幼就是青梅竹马。两家是邻居，相处得非常好，小军的父母在他们年幼的时候还开玩笑说过，要让燕子做他们家的儿媳妇。上学了以后，小军为了燕子跟其他的男生打架；燕子也经常将自己作业拿给小军抄。后来燕子考上了大学，离开生活了18年的小镇，也离开了一直陪伴她成长的小军。

燕子成绩很好，人长得又漂亮，毕业后顺利进入一家大公司做文职工作。小军高中毕业后就学起了修车，在燕子毕业以后也来到了燕子所在的城市。两人在一起租了个房子，过起了属于自己的小日子。起初他们生活得非常开心。但渐渐地，燕子看到身边的同事们吃的、穿的、用的都比自己要好，她的心里也慢慢发生了变化。她越来越觉得小军配不上自己，如果就这样过完自己的一生怎么想都觉得委屈。她对小军的态度越来越差，经常挂在口边的一句话就是"你看看人家，再看看你！"

一次燕子应邀参加女同事的生日聚会，地点就设在女同事男友的家里。那是一幢欧式的独栋别墅，装修得富丽堂皇，女同事全身名牌，就像个名流，收到的生日礼物全都是名品，光是她男友送的一个包就几万块。这时燕子看看自己选购的廉价香水，实在是没好意思拿出手。那时她的心里极度不平衡，那个女同事长相还不如自己，男友却比自己的男友强那么多。回到出租屋后，看到正在准备晚饭的小军就是一通羞辱。小军傻傻地站在那里，心在滴血！

第二天早上起床时，燕子发现小军已经离开了。餐桌上已经做好了早餐，还留下了一张纸条和一张银行卡。纸条上写着：卡里是我这几年的积蓄，本来是准备我们结婚时用的，现在看来已经用不上了！密码是你的生日。看到这，燕子的眼泪瞬间涌出了眼眶，她眼前浮现的全是和小军一起的美好时光。这是一个对自己多么好的男人啊，就这样遗憾地离开了自己。燕子之后又交往过几个男友，其中也不乏有钱又帅气的，但是燕子从他们身上却没有感受到小军带给自己的那种浓浓的爱意！

燕子之所以和自己的男友最终走向了陌路，很重要的原因就是她将自己的男友与他人进行了不恰当的比较。她只看到了男友的缺点，却没有看到男友的优良品质，这本身就是一个错误。由于燕子的片面比较，也让自己的男友对她产生了很大的误会，最终选择了离开，不免让人惋惜。如果她不拿自己男友的缺点与他人比较，而是多想想、多看看男友的优点，这样，她也许就会觉得自己的男友并不比别人差，起码他是一个相当真诚，一心付出的好男人。这种优良的品质并不是所有人都具备的。

有位名人曾经说过："令人沮丧的往往并非事实，而是比较。"每个人都有自己的闪光点，都是独一无二的，难道自己的亲人、朋友、同事等这些人，真的就不如他人吗？在沟通中，总是拿对方与他人做比较是一种危险的状态，这样会使自己感到郁闷而不幸，与其去羡慕别人，不如好好珍惜自己身边的人。有句谚语说得好：与其抱怨黑暗，不如点燃蜡烛！人生如此短暂，何必因为没必要的比较，而扰乱和谐的氛围，伤害彼此的感情。这样给他人造成心理伤害的同时，也会给自己造成困惑与不幸。

在与他人沟通时，我们怎样才能做到不拿对方与别人做比较呢？首先，要设身处地地体会别人的心理，以换位思考的方式来调整自己的态度和行为方式；其次，要调整好自己的心态，不要拿对方的缺点与他人的优点比较，而是多想想对方的优点，这样你会豁然开朗，突然觉得对方原来还是这么优秀的一个人。最后，不要对对方期望太高，降低原有的期望值，这样你就会发现生活中还有别样的精彩。

爱的练习题

（1）你是否也经常与他人做比较？比较给你带来幸福了吗？

（2）如果你的父母常常将你与别人家的孩子对比，你会怎样？

关闭内心之外的"噪音"

静以修身，俭以养德，非淡泊无以明志，非宁静无以致远。

在很久以前，有一位得道高僧叫慧能。一天，他到古德寺去讲经，他看到两个小和尚站在法幡飘动的旗杆下争论不休。其中一个小和尚说："明明就是旗子在动，这有什么好与我争论的！"另一个小和尚却反驳道："如果没有风，旗子怎么可能会动？明明就是风在动啊！"两个小和尚一直争论不休，谁也不服谁，周围看热闹的人越聚越多，议论纷纷。正在这时，慧能叹了口气，摇摇头意味深长地说道："既不是风动，也不是旗子动，而是你们的心在动啊！"

是的，如果你的心未动，又怎么可能看到旗子在动。很多时候，影响我们的不是外界的环境，而是我们自己的心境。人们在生活中无时无刻不受到外界的影响与他人的暗示。

在现实的生活中，周边的一切行为似乎都能影响到自己，就连周围的人打个哈欠，自己都会不由自主地跟着打起哈欠来。人们很容易受到他人的影响，看到别人怎么做，自己就会在潜意识中不自觉地跟着去做，所以你做任何事情都有可能产生意识上的偏差，难以找到正确的思路，总是毫无主见地受到他人的影响。

德国有位心理学家曾经做过这样一个实验：他给一群人做了明尼苏达多项人格检查实验，做完之后，他拿出了两份结果给其中的一份参与者看。一份是这个参与者自己的检测结果，另一份是其他人回答平均起来的结果。

令人惊奇的是，这位参与者竟然认为其他人的平均结果比自己的那份结果更能准确地表达自己的人格特征。这个实验告诉我们，人们在很多时候更愿意相信别人的观点而不是自己的。很难正确地去认识自己，一直受制于他人的影响，活得好像别人的影子。

这个时候，你就应该关闭内心之外的"噪音"，认真聆听自己的心声，才能找到属于自己的一花一木，找到真正的自己。因此，你在生活中应该正确地认识自己，不在乎世俗的偏见，不受他人的影响。做一个有着坚定的信念和意志的人。并且，这种信念并不是口号，它是发自内心深处的。

　　相传清朝道光皇帝，原本有一个太子叫奕纬。这个奕纬是一个天性愚钝之人，而且他非常讨厌读书，但是道光皇帝为了把他培养成一个优秀的储君，将来好继承大统，就给太子找了一个相当有责任心的老师。这个老师对太子的要求相当严格，整天不是背诵这个，就是抄写那个，搞得太子头痛不已。

　　有一天，因为课业太多实在应付不过来，太子索性就翘课不来了。老师见状，心想这怎么能行呢？自己可是身负皇命啊！于是就搬来一堆的大道理，对太子一通数落，每说完一个道理就会附带说上一句："陛下身为太子，一定要好好读书，将来才可成为一代明君啊！"太子听着实在心烦，便撂下一句狠话想吓吓老师："哼，将来我若做了皇帝，第一个便将你杀掉！"

　　这原本只是一句戏言，但听在老师的耳朵里却犹如圣命，将他吓得够呛，便想也没想就起身前去面圣。他一见到道光帝就神色慌张地跪下，请求皇帝撤去他太子老师一职，道光帝见他诚惶诚恐的模样，便追问他何故。他便不假思索地将太子要杀他一事禀告给了皇帝。道光一听，勃然大怒，他一向重视太子的教育问题，岂能允许太子如此胡闹。便下令传唤奕纬。

　　奕纬从太监那大约了解了事情的原委，于是战战兢兢地进来了。他刚要下跪请安，不料，道光帝竟然怒不可遏地从龙椅一跃而起，未等太子开口说话，就一脚朝太子踢去。太子奕纬当场惨叫一声，瘫倒在地，就这样不省人事了。没过几日，太子奕纬便命丧黄泉了。

　　道光帝没有查明事情的真相，单凭太子老师的片面之词，便误伤太子性命，他事后肯定也曾后悔和懊恼过，但又有什么用呢？他因为受到他人言词的影响，自己未曾好好分析，就白白害死了自己的儿子。可见外界的影响和暗示对自己的影响是多么的大啊！

　　在很多时候，人们总是会受到外界的影响和暗示，因为你关注了太多外界的东西，才使得你无法关注到事物的本身，让自己的思路在外力的作用下发生了偏离，才没有成功圆满地完成自己想要做的事情。有时，过于在意别人的看法，还会给自己的情绪蒙上一层阴影，徒增烦恼。因此，若想自己过得开心，就请你关闭内心之外的"噪音"。

　　那么，我们如何才能关闭内心之外的"噪音"做一个快乐的人呢？

　　首先，我们要学会调节自己的心态，以平静的心态去对待与自己相关的事物。当然，我们作为人类社会的一员，与外界总有着千丝万缕的联系，在生活与工作当中，必然会受到他人言语和行为的影响，每当此时，我们可以接受乐观的抛弃悲观的，不要因为他人的错误影响到自己的心情，才能避免与他人发生不必要的冲突。

　　其次，要学会控制住自己的情绪，时刻保持冷静，以客观的态度去看待事物。要有正确的价值观和衡量标准，才不容易被他人的思想所左右。当有些事情已经激起你情绪上的波动了，你就想想发怒有没有用，能不能改变已经发生的事实，当你想明白了，你也就不会受到他人的影响了。控制好了自己的情绪也就能很好地与他人交流，处理自己和他人之间的关系。

　　快乐与否都是掌握在自己手中的，我们为何要让他人来操纵自己的快乐。仅仅是因为他人的错误和外界的影响，就惹得自己不高兴，是非常不值得的！

爱的练习题

（1）面对他人的暗示，你会受其影响，还是会摒弃杂念，坚定自己的信心？

（2）你有没有一些好的方法，可以让自己免受外界的影响？

幽默沟通，事半功倍

幽默是一种智慧的光芒，照耀在古今哲人的灵性中间。

幽默是一种高妙的语言技巧，是一门生动而有趣的口才艺术，更是一种为人处世的哲学。很多时候，幽默甚至比语言更加有作用，它能够产生语言技巧无法达到的效果。一个风趣幽默的人，往往都比较有人缘，很容易拉进与他人之间的距离，赢得对方的好感和信赖。幽默的人不管是在人际交往、商业谈判，还是在谈情说爱时都会令人刮目相看，不管是在什么样的场合都能够成为大家关注的焦点，让自己在人际交往中如鱼得水、收放自如。

俄国文学家契科夫曾说过："没有幽默感的人是没有希望的！这样的人即使满腹经纶、聪明绝顶，也算不上真正的智者"，如果你是一个保守、古板、缺乏幽默的人，那么从现在开始，你就应该改变自己，因为不懂幽默会在一定程度上影响你的人际交往，让自己在与他人交流时处于被动的地位。试想，一个毫无幽默感的人，只会索然无味地长篇大论，你怎么可能会对他的陈述或者他本人产生什么兴趣，对方讲述的内容你根本就听不进去，又何来良好的交流呢？

　　萧伯纳是英国著名的文学家，有一天他走在大街上，被一个年轻小伙子骑着自行车迎面撞倒在地上，还好只是虚惊一场，他并没有受伤。

　　骑车的小伙子看到自己撞倒了人，非常慌张地跑过来，将萧伯纳扶了起来，并连连道歉。

　　萧伯纳见小伙子如此紧张，为了缓和气氛，便十分惋惜地对小伙子说："唉！先生你的运气也太差了，居然没有将我撞死。你若是将我撞死了，你可就能名扬四海啦！"

　　萧伯纳用幽默的语言化解了紧张的氛围，也用他的友爱和宽容，将自己和小伙子双方都从不愉快的窘境中解放了出来，使这个事故得到了友善的处理。最后，萧伯纳和这个小伙子还成了好朋友。

幽默能够化解矛盾，能够表达人与人之间的真诚与友爱，拉近彼此之间的距离，是与对方建立良好关系不可缺少的因素。当我们要表达自己内心不满的时候，若能使用幽默的语言，会让对方听起来顺耳很多，避免冲突的发生；当我们需要肯定某件事情的时候，幽默的语言更具有说服力；当我们与对方关系紧张的时候，幽默也可以使双方从窘境中摆脱出来，消除彼此之间的矛盾。

　　有一位先生在一家餐厅就餐的时候，突然发现菜汤上漂着一只死苍蝇。这位先生，顿时失去了食欲，他非常生气地将服务员叫了过来。

先生指着菜汤，对着服务员冷冷地讽刺道："请你说明一下，这个小东西在我的汤里做什么？"

服务员低下头，仔仔细细地看了半天，然后义正言辞地回答道："先生！我想它应该正在仰泳！"

餐厅里其他的顾客，听到服务员的妙语，纷纷捧腹大笑。就连那位本来准备发怒的先生也忍不住笑了起来。

在那种情况下，如果服务员只是向顾客做出解释或道歉，我想他只能得到顾客的批评，承受顾客的愤怒。但是幽默却帮了他的忙，使当时的气氛得到了缓和，把他从困境中解救了出来。

幽默能够化解困境，让人急中生智，从危险的境地顺利脱身，并且创造性、完善地解决我们遇到的问题。当我们遇到困境的时候，一句恰到好处的幽默言语，往往能让我们从中脱困，处于不败之地。

海涅是德国浪漫主义诗人，有一天他在书房创作诗歌，这时，他的仆人突然敲门走进来。海涅本来就因为诗歌中的用词问题而感到烦躁，此时又被仆人打断了创作思路，这让他十分恼火。

海涅非常不友好地接过了仆人手中的东西，原来仆人送来的是一件包裹。海涅不耐烦地打开包裹，撕了一层又一层，终于从里面取出了一张小纸条。只见纸条上仅写了简短的几句话："我亲爱的海涅，我现在依然健在，并且非常的快活！致以衷心的问候。你的梅厄。"

虽然当时的海涅非常不耐烦，但是这个玩笑却将他逗得十分开心，顿时他的心情都舒畅了，连对待仆人的态度都和蔼了不少。

幽默能够令人心情愉悦，使人思想乐观，以一种积极的态度去面对生活。不懂得幽默的人，通常都不知道如何调节自己内心消极的情绪，会一直沉寂在自己制造的低气压中，最终导致与身边的人关系失和，可见幽默对一个人的情绪影响相当大。

幽默是自觉地用表面逗笑的方式，以严肃的态度对待身边每个人和每件事。智慧是教养和道德的体现。如果一个人想在社交中给人一种良好的形象，那么就必须学会幽默，因为幽默的社交，可以将对方的心吸引进你的幽默磁场，在一起欢笑的同时，产生情感上的交流。

很多人都认为，幽默感是与生俱来的，其实这是一种错误的观念。当然，不可否认的是有些人一开口就能吸引他人，而有些人天生就没有幽默感。天生就具有幽默感的人其实很少，大多数人都是和我们一样没有幽默感的，但是这并不代表我们就不能拥有幽默感。幽默作为一种艺术的表现形式，其实是可以通过后天培养的。你现在还不懂得幽默，仅仅是因为你还没有找到合适的方法，只要你掌握了基本的幽默技巧，那么我们在与他人交往的时候就能够如鱼得水，让自己变得善解人意、机智灵活，我们的生活也会因此得到更多欢乐。

那么我们应该如何培养自己的幽默感呢？

要有良好的心态。在培养自己幽默感的时候，拥有一个良好的心态是非常重要的，即使我们做不到"不以物喜，不以己悲"。但是，至少也要尽量保持一个积极向上的心态，只有这样才能客观、多面地看待所要面对的事情和问题，然后才能灵活地以幽默的方式来进行表达。

不要随意拿他人开玩笑。大多数人都喜欢开他人的玩笑，觉得那是一种幽默，但是当他人也以同样的方式开自己的玩笑时，却不高兴了，其实这是一种非常不好的行为，如果自己不希望他人开自己的玩笑，大可以直接说出来，因为每个人都可能会有一些不愿让他人碰触的东西，是可以理解的。因此，在开他人玩笑的时候也要有底线，不要随意去开玩笑。

要放下面子，学会自嘲。很多时候，我们都将自己看得特别重要，在与他人交往的时候，都希望将自己最完美的一面展现给对方，为了不破坏自己在对方心中完美的形象，往往言行都过于拘谨，如此哪还顾得上幽默。所以要想提高自己的幽默感，就要有足够的准备，勇于放下自己的面子，甚至还要学会自嘲，只有这样才能培养出自己的幽默感。

可以通过看书或看视频的方式，来培养自己的幽默感。书上和网上都有相关的学习资料，包括一些电视、电影，或者一些综艺节目中，都有很多搞笑的言辞和一些幽默的表达方式，我们可以将其记录下来，通过模仿来提高自己的幽默感。

要学会用另一种表达方式。在我们与他人交流之前，不要想到什么就说什么，我们可以思考一下，是不是可以换另一种更加诙谐幽默的方式来表达呢？我们每个人都有正常的语音接收逻辑，从听到的第一句话开始，就在大脑中想到了最后一句话的内容，因此要用夸张的方式来打破这种逻辑性，如此，往往更容易取得意想不到的效果。

即使摔倒了也要逗笑别人。培养自己的幽默感时有一点非常的重要，就是在自己身处尴尬或不幸的时候，还能以幽默的方式来调侃自己的遭遇。用这种方式不仅可以减少大家的担心，还可以在他人面前表现出一种积极乐观的生活态度，给人留下良好的印象。

在现实的生活中有些人对幽默存有一定的误解，他们认为幽默就是轻佻，就是油腔滑调。实则不然，其实幽默传达给他人的应该是一种积极向上的态度，是一种豁达从容的高尚境界。因此我们在运用幽默的时候，还应该注意以下几点：

要掌握尺寸，注意场合。场合的不同，运用幽默的方式也应该不同，而且千万不能太过火。尤其是在一些严肃的场合，更不能打着幽默的幌子，开一些不合时宜的玩笑。

不攻击他人的缺点或身体缺陷，不调侃不如自己的人，更不能以幽默的名义对他人进行人身攻击。

不以一些低俗、不雅的内容作为幽默的谈资。幽默不是低俗，幽默应该给人一种美好的享受，因此绝对不能用一些低俗、不雅的内容。

爱的练习题

（1）现在很多年轻女性在择偶的时候，都希望自己的另一半是一个具有幽默感的人，你觉得她们是出于什么样的原因呢？

（2）你是一个具有幽默感的人吗？如果是，请说明幽默感给自己带来的好处？

诚信是最明智的策略

对人以诚信，人不欺我；对事以诚信，事无不成。

诚信，顾名思义就是诚实守信，它是人类社会最基本的道德体现，也是人际关系的基本准则。我们要以求真务实的原则去指导行动，以言行合一的态度去对待事物。诚信体现在我们生活中的方方面面，是我们为人处世、待人接物和生活实践中必须具备的态度和品质。我们只有树立起诚实守信的道德品质，才能建立起良好的人际关系，适应社会发展的需要，实现自己的人生价值。

"诚信乃立人之本"，千百年来一直被中华民族视为自身的行为规范和道德修养。历史上很多的贤德之士都具备诚信这一优秀的道德品质。

曾子，是孔子的得意门生，被儒家尊称为"宗圣"。他杀猪取信于子的育子故事，在我国广为流传。

相传有一天，曾子的妻子准备去集市上买东西，但是儿子哭闹着非要跟着一起去。为了安抚孩子，妻子便跟儿子说："宝贝，别哭了，你乖乖地在家等着，妈妈回来杀猪给你吃！"这招果然奏效，儿子一听有肉吃，立马停止了哭闹。

待曾子的妻子赶集回来时，只见曾子拿着绳子正准备捆猪，身旁还放着一把杀猪刀。妻子当时便慌了，赶紧上前阻止曾子说："我只不过是哄小孩玩呢，并不是真的要杀猪！你怎么还当真了呢？"

而曾子却以一副教育的语气回答道："小孩子岂能随意欺骗！他现在还小，很多事情都没有自己的判断，只会跟着父母有样学样。你现在欺骗他，就等同于在教他撒谎和欺骗他人。而且你成功地骗到了他，只会让孩子觉得妈妈的话根本就不可信，日后，不管你再与他说什么，我想他都不会再相信你了。到时候，再想教育孩子就困难了！你自己说说这猪是杀还是不杀？"

妻子听了曾子的一席话后，为自己欺骗儿子的行为感到非常后悔，便与丈夫一起将猪杀了。

曾子的孩子受到了父母的言传身教，每一个孩子都诚实守信。例如：一次，天已经很晚了，刚刚睡下不久的小儿子却突然爬起来，拿起竹简便往外跑，曾子赶紧追过去问："孩子，这么晚了你干吗去啊？"小儿子说："我答应了要把借来的书简今天还给人家，我不能失信啊！"

曾子深深地懂得，诚实守信是做人最基本的准则，既然已经承诺了要杀猪，就一定要做到，如若食言而肥，保住了猪，却会给孩子纯洁的心灵留下阴影。他没有以身作则的话，那么他的孩子也不会成长为诚实守信的人，岂不是得不偿失。

既然已经答应了对方，就应该说到做到。香港著名的企业家李嘉诚说过："你必须以诚待人，别人才会以诚相报。"李嘉诚之所以能够取得如此大的成就，其根本原因就是他为人待物诚实守信。

李嘉诚早期创建长江塑料厂时，因为从意大利偷师学来了塑料花的生产技术，一时间生意火暴、订单大增。因为产品供不应求，为了应付大量的订单，产品出现了一些质量上的问题。结果客户要求退货、退款，银行也上门追债。工厂一时陷入了困境，濒临破产。

有一天，李嘉诚回到家中，母亲见他愁眉苦脸，便大约猜到出了什么问题。便对李嘉诚说："嘉诚啊，去给妈妈泡杯功夫茶！"

李嘉诚听罢，去给母亲泡了一杯地道的潮汕功夫茶。

母亲吩咐李嘉诚在自己的身边坐下，品了几口茶后，便问李嘉诚："你还记得开元寺的元寂住持吗？"

李嘉诚刚想回答，还未说出，母亲又继续说道："住持年事已高，想为自己找个合适的接班人。他有两个得意弟子：一个叫大忌；一个叫小忌。"

李嘉诚一边静静地听着，一边给母亲满茶。

母亲接着说："住持将两个徒弟叫到跟前，说：'我给你们每人一小袋谷子，明年谁收的谷子多，谁就是我的接班人。'到了第二年，大忌挑来了满满一筐谷子，而小忌却两手空空地来到了师傅面前。正当大忌洋洋得意地讥讽小忌的时候，住持却当场宣布让小忌当他的接班人。"

李嘉诚忍不住打断母亲的话，疑惑地问："不是说好了，谁的谷子多，谁就是接班人吗？"

母亲笑了笑说："是的，大忌也相当不服气，对自己的师傅说：'分明是我的谷子多，小忌他颗粒无收，怎能让他担任住持！'可是住持却高声地对大家说：'我给你们的是煮过的熟谷子，怎么可能会长出谷子来。很显然，小忌非常诚实，由他来当住持非常合适！'听了住持的话，众人心悦诚服，都很支持由小忌来担任住持。而大忌只能灰溜溜地离开了。"

此时，母亲突然神情严肃地对李嘉诚说："经商如同做人，无信则不立，信则无危不克！"

李嘉诚对母亲的一番话感悟颇深。不久，他便以他的诚信打动银行、合作方和员工，形势得以好转。自此以后，李嘉诚一直都秉持着诚信为本的原则，最终，他不仅在商业上站稳了脚跟，甚至还创造了属于自己的商业帝国。

诚信绝对是一种值得我们追求的美好品德。中华民族自古以来就非常重视诚信，强调人无信不立。"季布无二诺，侯嬴重一言"，太多贤能的高风亮节都为我们树立了良好的榜样。然而，在现实的生活中，很多人从小受到的却是不诚信的教育。大人们往往会根据自己的经验，教育小孩不要轻信他人，将这个世界描绘得危机四伏。人们在警惕他人不诚信的同时，也渐渐沦丧了自己的诚信。

由于诚信的丧失，对人与人之间的交往造成了很多的阻碍，使很多正常的人际交往变得畸形，比如：当丢失的东西被他人捡到，物归原主的时候，失主往往像被赏赐般受宠若惊，好像那东西不是失主本人的，而是受到了一种恩典；当你走在街上，看到摔倒的老人，都不敢上前搀扶，生怕被对方讹诈；当你提着沉重的行李，行走在大街上，有人主动表示要帮你提，你往往会担心对方觊觎你的东西，从而婉言谢绝，即使你很需要对方的帮助，等等。这些现象都在警示我们，在现实的生活中，已经遇到了"诚信危机"。

我想，应该没有谁会愿意和一个满口胡言、缺乏诚信的人交往。就像曾子所说的那样，你若失信于他人，他人也必会失信于你。如果彼此之间连最基本的诚信都做不到，还何谈沟通与交流？如此发展下去，人与人之间的距离必会越来越远。诚信是人与人交往的基石，信任他人，被他人所信，诚实待人，诚信方立。诚信能让交流通畅，让爱在彼此之间传递。

那么，在现实的生活中，我们应该注意哪些诚信方面的问题呢？

第一，严戒欺骗。戒欺，既不欺骗他人也不欺骗自己。"慎独，即不自欺"，即使是一个人独处，在没有人监督的情况下，也要做到不自欺，才算是真正的诚信。就像蔡元培先生所说的那样：诚字之意，就是不欺人，亦不可为人所欺。由此可见，戒欺在诚信中是多么的重要。

第二，知错能改。所谓："人非圣贤孰能无过，知错能改善莫大焉。"从古至今，人们都将对待错误的态度，视为区分君子和小人的重要条件之一。很多人都认为知错能改就是诚实的一种表现。

第三，言而有信。只要我们对他人许下了承诺，就一定要认真对待，对自己的承诺负责，如果失信于对方，那么对方必然会对你产生怀疑，长此以往，将不会再有人相信你，肯定也不再有人愿意与你交往。言而有信，在人际交往的过程中占据着相当重要的地位。

第四，以诚待人。古语有云："为事不以诚，则事败；为人不以诚，则丧其德而增人之怨。"诚对于做人、做事都是非常重要的。只有真诚地对待他人，才能得到他人的信任，促进彼此之间的交流，增进彼此之间的感情。

爱的练习题

（1）对于现代社会"失信"的现象你怎么看？你觉得它对人与人之间的交往造成了怎样的影响？

（2）你有没有一些改变"失信"现象的好方法？

03

爱自己，才能和别人好好说话

你要宽恕的还有自己

最好不要去翻过去那些旧账。过去的事过去算了，要宽恕，要不念旧恶。

宽恕是一种美德，是一种修养，也是一种境界。在传统的观念中，宽恕就是去宽恕别人对自己的伤害。宽恕别人一直被视为一种优秀的品德，自古就用"宰相肚里能撑船"来赞誉一个人豁达、大度的美德。殊不知，宽恕自己也是一种积极的人生态度，它是拨开乌云见晴空的阳光，它是化悲痛为力量的灵药。宽恕自己，才能见到雨后的彩虹。只要你能够宽恕自己，你就能去宽恕他人。人生有太多的坎坷和不尽人意，人无完人，每个人都有犯错的时候。如果你无意中犯了错误，只要你还想幸福地生活下去，就不要和自己过不去。其实，在很多时候需要宽恕的不仅仅是别人，还有你自己。

在一部英国的悬疑电影《恐怖游轮》中，洁西是一个脾气暴躁的母亲，经常会对自己的儿子发怒或打骂。一天，洁西带着儿子去海边游玩，在前往海边的路上，由于跟儿子发生了一点争执，所以她一边开车，一边训斥自己的儿子，不料却撞上了迎面开来的大卡车，他们母子俩死于非命。洁西在死后，灵魂一直不得安宁，她总认为是自己的疏忽杀死了儿子，她陷入了深深的悔恨之中。于是，她的灵魂穿越时空，回到了车祸发生以前。她为了改变事件原来的进程，阻止车祸的发生，她潜回自己的家中，杀死了以前的"自己"，试图以此来挽救自己的儿子。但是不管洁西怎么努力，都阻止不了那场车祸的发生。她依然不肯放弃，一次又一次地穿越回去，杀死了无数个"自己"，但悲剧依然无法阻止。就这样，她闯入了一个可怕的怪圈，她永无止境地在两个时空穿梭，于是悲剧也就这样不断地重复着，看不到结局。

其实，只要洁西能够原谅自己，就能走出这个无止境的悲剧循环。古语有云"人非圣贤，孰能无过。知错能改，善莫大焉。"人这一生，并不总是一帆风顺、风和日丽，发生不幸或是犯了错误也是在所难免。自责是必然的，但是一味的自责就是愚人所为。如果我们只是一味地给自己施压，让自己陷入痛苦的深渊不能自拔，那么我们将看不到黎明的曙光，看不到未来的希望。这个时候，明智的做法就是宽恕自己，通过积极的自我批评，去抚慰自己因挫折而伤痕累累的心灵。

美嘉原本是一个性格倔强，脾气略显暴躁的孩子。经常会因为一点小事与他人争论不休，就连在家里也毫无收敛。她的父亲因病瘫痪在床多年，所有的生活重担都落在母亲的肩上，因此，她的母亲都有些不堪重负了。

美嘉因为所在班级里的同学们都有自己的手机，所以她也想买一部属于自己的手机。一次，在吃晚饭的时候，美嘉就向母亲提及要买手机的事情。但由于经济拮据，母亲并没有同意美嘉的要求，而是非常恼火地给她上了一节政治课，分析家里的经济情况、批评她不懂事。这让美嘉觉得自己相当委屈，于是便和母亲发生了争执与争吵。母亲担心会惊动到房间内的父亲，便将美嘉拉到厨房，警告她不要再无理取闹了，说她一直这样吵闹会影响父亲的休息，加速父亲病情的恶化。美嘉那时已经被气愤冲昏了头脑，不顾母亲的劝阻，冲出厨房，尖声地吼道："我才不会在乎他呢，反正他都在床上躺这么多年了！"

谁都没有想到的是，美嘉的父亲第二天真的病重了。这个事实对于美嘉来说犹如五雷轰顶，她觉得父亲的病重完全是自己害的，这一切都是自己的错，她没有办法原谅自己。在父亲的病床前，她不断地向父亲忏悔，希望能够得到父亲的原谅，可是昏迷的父亲纹丝不动地躺在那里，对于她的忏悔丝毫没有反应。她觉得父亲可能再也不会原谅自己了，她整日沉浸在悔恨和痛苦之中难以自拔。

美嘉的母亲一直在说服她，这一切只是巧合，父亲的病重是自己身体素质的问题，跟美嘉毫无关系，但是在美嘉内心，却迈不过这道坎，她整日将自己关在房内，不愿与他人沟通和接触，母亲苦口婆心的劝阻对她丝毫不起作用，她一直沉浸在自己悲痛的世界中。由于她不愿与外界接触，也不想与他人交流，因此她只能被迫终止自己的学业。而她的母亲原本就身肩重负，现在又增加了她这个重负。

美嘉因为父亲的病重一直不能原谅自己，每天都沉浸在悔恨和自责之中。其实，父亲的病重并不是她的责任，完全是时间上的巧合。如果她愿意积极地与母亲交流，听从母亲的劝阻，她就能揭开自己的心结，从此，过上正常的生活，她的母亲也能从家庭的重负中解脱出来。

人的一生总会遭受点挫折、发生点不幸、出现点失误、偶然犯点小错误，我们虽然都不愿发生，却不可避免。难道我们遇到点困难就要封闭自己，不与外界接触，不同他人交流了吗？当然不能，我们是这个社会的一员，我们与这个社会息息相关。因此，明智的做法并不是一味地自责，而是要学会去宽恕自己。

当然，宽恕自己并不等同于纵容或放纵自己，而是要纠正自己的陋习和扭曲的人格，改变自己错误的人生观、价值观。宽恕自己并不是不去吸取教训，而是不要让自己再做同样的蠢事、再犯同样的错误，它是走出人生逆境的一种积极的途径。那么，我们如何才能做到宽恕自己呢？

首先，我们要调整好自己的心态，坦然地面对自己的过去，将以前所有的不如意都从心头卸去。人生最难跨越的就是自己的过去，我们应该从过去的迷惑和束缚中走出来，忘掉以前的不快，放下思想的重负。要把生活中遇到的困境当成是合乎自然的事情，是生活组成的一部分，是每个人成长过程中必须经历的过程。

其次，我们要勇敢地面对自己的未来，如果一个人总是盯着过去带给自己的伤害不放，就是在浪费自己宝贵的时间和精力，而将这些时间和精力直接用来实现自己的梦想岂不是更好，你只有轻装上阵，才能更快地奔赴美好的明天。所有的事情都有它的两面性，我们要学会辩证地、全面地去看待问题。"塞翁失马，焉知非福"，化悲痛为力量，将困难当成是历练。所有的苦难都只是一时的，会随着时间的流逝而远去。俗话说"车到山前必有路"，人生不会永远处于逆境中，总会出现转机。只要你相信脚下总有路可走，就一定会迎来"柳暗花明又一村"。

最后，要敞开自己的心扉，多听听他人的心声。很多时候，他人并没有自己想象中的那么讨厌自己，只是庸人自扰而已。如果你不敞开心扉，勇敢地与他人交流，你就永远不知道别人真正的想法，也就会永远沉浸在自己的痛苦之中。

爱的练习题

（1）宽恕别人和宽恕自己，你觉得哪个更容易做到？为什么？

（2）如果你做错了事情，你会及时地纠正错误，并且宽恕自己吗？

完美只是句口头禅罢了

既然太阳上也有黑点，人世间的事情就更不可能没有缺陷。

从前，有一个农夫，他有两个木桶，其中一个是完好无损的，而另一个却是有裂缝的。农夫每天都会到山涧去打泉水，他每次都将两只木桶装得满满的，经过长途的挑运之后，那只完好无损的木桶总是能将满满的一桶泉水从山涧运到主人的家中，但是那只有裂缝的木桶在到达主人家时却只剩下半桶泉水了。就这样，农夫每天都将一桶半的泉水挑回家。于是完好无损的木桶感到非常自豪，经常讥讽有裂缝的木桶，这让有裂缝的木桶感到非常难过，它觉得自己相当失败，拖累了自己的主人。

在饱尝了两年的自责与痛苦后，有裂缝的木桶终于忍不住了，就在农夫到达山涧准备取水的时候，羞愧地对主人说："主人，我感到非常惭愧，在过去的两年中，泉水一直从我这边往下漏，我只能将半桶泉水送至你的家中。正是由于我的残缺，才使你做了全部的工作，却只收获了一半的成果，我真是太没用了！"农夫听了有裂缝的木桶的话，温和地对它说："你才不是没用的木桶哩！你看，小路的两旁，是不是只有你那边开满了鲜花，而完好无损的木桶那边却没有鲜花呢？我知道你有缺陷，所以我就善加利用，在你那边的小路旁撒上了鲜花种子，每天我从山涧归来，你都帮我浇了花。这两年，这些美丽的鲜花装饰了我的家，如果没有你，我的家里怎么可能会有如此美丽的花呢！"

上面的故事告诉我们，很多事物也许是不完美的，但并不代表它就是无用的，即使是缺陷，只要善加利用也能发挥它的作用。不完美往往也能给你带来意外的收获。这就像人一样，俗话说"金无足赤，人无完人"，每个人都是不完美的，都会有失误的时候，最重要的是我们要如何去看待这种不完美。我们只有勇于接受这种不完美、宽容这种不完美，才是理智的、实事求是的。不完美有时会让你的人生更加精彩，而完美则可能会让你失去动力和进取心。更何况，人生又哪有完美的存在呢？完美只是句口头禅罢了！

完美的人是不存在的，上帝是公平的，他在为你打开一扇门的同时，总会为你关闭一扇窗。他给你一张漂亮的脸蛋，就可能给不了你智慧的大脑；他给了你美丽的外表，就可能给不了你健康的体魄……就连中国古代的四大美女都有各自的生理缺陷，但是却丝毫没有影响她们成为千百年来的佳话和美谈。没有谁是十全十美的，所以你没有必要因为不完美而消极厌世。

记得小时候听到过这么一个故事：从前有一个老和尚，为了选拔出一个理想的衣钵传人，想出了一道非常奇妙的"考题"。有一天，老和尚对着一胖一瘦两个小和尚说："你们去给我捡一片自己认为最满意的树叶回来。"两个小和尚奉命而去。不久，那个胖胖的小和尚回来了，他将一片并不漂亮的树叶交给师傅说："这片树叶虽然并不是那么完美，但它却是我看到的树叶中最好的一片。"瘦瘦的小和尚转了半天，最终空着手回来了，他失落地对师傅说："我虽然看到了许多的树叶，但没有一片是完美的，我一片都不满意，因此我只好空手回来了。"最终，老和尚将他的衣钵传给了胖胖的小和尚。老和尚为何会选胖胖的小和尚，而不选瘦瘦的小和尚呢？因为老和尚他懂得佛家万事随缘，世上本来就无完美之事的道理。

在现实生活中，我们总是会遇到类似的情形，一心只想尽善尽美，但最终却两手空空。想捡一片完美树叶的初衷是美好的，但是不切实际地一味寻找，即使付出了努力，依然没有收获，岂不是得不偿失。其实，在个人的感情世界中也是如此，一开始总想找一个完美的爱人，但一路找来，总觉得有许多的缺憾，到头来只能守着缺憾凑合度日。如果每个人都能像那个胖胖的小和尚一样，不强求自己找那片完美的树叶，而是找一片自己觉得最好的树叶，那么人生也许就没那么多遗憾了。

余秋雨曾说过："没有皱纹的祖母是可怕的。"这个世界上没有十全十美的人。就算是伟人，他的人生也都是不完美的：周恩来没有子女；毛泽东发动了"文革"；邓小平个子矮。虽然他们的人生并不是那么完美，但是他们的这种不完美并没有影响他们创造不朽的辉煌！所谓瑕不掩玉，即使是最好的玉石也会有些许的瑕疵，而正是这些许的不完美，才展现出了玉的灵动之美。

即使是不完美的人生，我们依然可以让自己活得精彩。那么我们要如何才能将不完美的人生活得精彩呢？

首先，我们要承认和接纳人生中种种的不完美，不完美也有它存在的价值，只要善加利用，不完美也可以发光发亮。不要一味地追求完美，对自己过于苛求，对他人不够宽容，这样往往会适得其反，达不到最初想要的结果，何必将自己搞得那么痛苦呢？

其次，我们应该尽可能追求透明化的生活方式，不掩饰、不虚伪。就算不喜欢自己身上的某种特质，也不要刻意去压制它们，或是直接否定它们的存在。我们应该敞开心扉、返璞归真，回归原本真实的自我。

再次，每个人都是矛盾的统一体，我们应该允许自己身上各种可能性和谐共存，积极与消极的特质彼此调和，只有这样，我们才能让自己真正的自由。坦然面对自己和他人的不完美，因为不完美本来就是人性的一部分。

最后，现实生活对任何一个人来说都是不完美的，完美只是人们的一种追求。正因为不完美的存在，人们才有了追求美好的冲动、创造进步的动力，才使得我们的社会越来越进步，文明越来越发达，我们才能过上比先人更加便捷、幸福的生活。

爱的练习题

 （1）你是一个苛求完美的人吗？如果是，那么你幸福吗？

 （2）"残缺有时也是一种美"你认同这句话吗？为什么？

自责常常是需要的"代言人"

 一个伟大的人有两颗心：一颗心流血，一颗心宽容。

 自责，一般是个人因为自己的缺点和错误而感到内疚，对自己进行谴责的一种行为，它是一种正常的心理现象。

 积极的自责是一种自我批评，有助于改正自己的错误，它既是一种对他人的歉意，也是对自己心灵的自我解脱，是一种积极负责的行为，它可以清除人际交往中的障碍，化暴戾为祥和，使人与人之间可以真诚相待。

 消极的自责却会产生沮丧、悔恨、郁闷、绝望等心理，影响身心健康。消极的自责常常表现为过度责备自己，对一些并不严重的缺点或失误产生严重的负罪感，并对之悔恨、念念不忘，长此以往，很有可能产生各种心理问题和人格障碍，不利于身体健康。

 在我们的日常生活中，应该多一点积极的自责，遇事先做一点自我批评与自我反省，这样才有助于人与人之间更好地相处，有助于家庭甚至社会的和谐发展。

古时候，在一个深山里，有两座相距不远的道观。A道观的道士们，关系非常紧张，经常吵架，搞得人人戒备森严；B道观的道士们却一团和气，个个春风满面，生活得快乐幸福。

A道观的道士们非常羡慕B道观的道士们，他们也想过上B道观那种和睦相处、欢快幸福的生活。于是A道观就推荐一位代表到B道观去取经，向他们学习道观的治理和集体生活的相处之道。

A道观的代表来到了B道观，这时他看到一个小道士迎面走来，便诚恳地上前问道："小道友，我想向你请教一下，你们是用什么方法才使得道观内一团和气、其乐融融的呢？"

小道士不假思索地回答道："因为我们经常会做错事情！"

这个回答让A道观的代表一头雾水，正在他疑惑不解之时，突然一个道士从外面匆匆赶回来，就在他走入大殿的时候，不慎脚底一滑，摔了一跤。这时，一个正在拖地的道士手拿拖把飞快地奔来，一边扶起摔倒的道士一边道歉说："实在抱歉，都是我的错，是我把地面拖得太湿了，让你摔倒了！"

站在大殿门口的道士看到这个情景，也急忙赶过来说："不，不，不，这是我的错，我没有及时提醒你大殿里正在拖地，应该小心点。"

这时，摔跤的道士竟没有半句的怨言，自责地回道："不，不，你们都没有错，是我的错，都怪我自己太不小心。"

A道观的代表看到眼前这一幕，恍然大悟，现在他终于明白了B道观的道士们相处的奥妙是什么了！

B道观的道士们正是因为懂得积极的自责，才使得他们这个大家庭相处得相当融洽。他们适当的自责，不但没有破坏他们之间的关系，还促进了他们之间的交流，避免了矛盾的产生。在很多时候，遇到事情多一点自责，多做一点积极的自我批评，人与人之间可以更好地相处。

在现实生活中也是这样，积极的自责就会产生积极的作用。消极的、过度的自责则也会产生消极的作用，它会让人产生"我是没用的、软弱的、低劣的、愚蠢的、不讨人喜欢的、毫无价值的、适应不了社会的"等负面的想法。它时刻动摇我们对自身存在的信心，对自我价值的怀疑，阻碍人与人之间的沟通与交往，让人陷入痛苦的泥潭无法自拔。

小波新婚不久，老婆就怀了身孕，全家都沉浸在喜悦的氛围中。他的母亲早早就给自己的小孙子做好了小棉衣，他和老婆也为还未出世的小宝贝准备好了一切的婴儿用品，从小衣服、小鞋子到小车、小床，可谓是一应俱全，就等着小宝贝的降生。小波每每想到自己即将身为人父，也是既激动又欣喜，每当他陪着老婆出去，有人调侃他这是要当爹了啊，他总是乐得合不拢嘴。

有一次，他带着老婆去喝喜酒，因为高兴多喝了几杯，他老婆看他醉成这样，回家的时候就叫了一辆出租车，但他却一直坚称自己并没有醉非要开车回去，他老婆拗不过他只好就由着他了。于是，他们就这样踏上了返程的道路。在一个路口，小波为了躲避一个闯红灯的老年人，撞上了绿化带上的大树。小波当场昏迷，当他醒来的时候发现自己躺在医院里，而他老婆虽然抢救过来了，但他们的孩子却没能保住。

小波听到这个消息的时候，他整个人都蒙了。他觉得是自己害死了还未出生的孩子，自己就是凶手。自此，他每天都活在悔恨和深深的自责中。他不仅失去了还未出生的孩子，还失去了工作，失去了快乐。他的家人与朋友都安慰他将来还有机会，但他怎么都跨越不了心里的障碍。最后他老婆也因为在他的身上完全看不到未来的希望，毅然离开了他。

有些事是无法预料的，尽管后果不堪设想，但绝非有意为之。小波犯了错误，致使自己失去了还未出世的孩子，他内疚谴责也是情理之中，但是因此就把自己封闭起来，从此一蹶不振却是不应该的。如果他真的意识到了自己的错误，应该振作起来，通过自己的努力去改正自己的错误，只知道一味的自责，而不愿意为自己的错误负责，去承担因自己而造成的后果，是一种懦夫的行为。

自责的真谛是改过，子贡曰："过也，人皆见之；更之，人皆仰之。"承认自己的错误，并勇敢地改正错误将会得到原本你失去的东西，改正了错误，人们也会赞扬你的勇敢精神，尊重你的人格。人从一出生就会不断地犯错，有的错大，有的错小，有的是有意识的，有的是无意识的，人就是在不断地犯错与不断改错中成长、发展，成为一个完善、健康、高尚的人的。因此，犯了错误不应该过度自责，而应该勇于改正错误，这样才能促进人与人之间的交往与沟通，才能使人们感受到人与人之间最美好的情感。

消极的过度自责，其危害本身已经远远大于其对人生的正向反馈和提示，它是一种不合理的、无厘头的神经质行为。如果我们不能正确地认识并处理它，那么，我们的生活将会被它践踏得越来越糟糕，甚至会掉进灵魂地狱的万丈深渊而难以自拔。那么，我们应该如何走出自责的深渊呢？

首先，我们要勇于承认自己的错误。当然我们承认自己的错误并不是要让自己去自责，而是要从过去的错误中吸取教训，避免以后再发生类似的错误。如果过去的错误在你的内心挥之不去难以摆脱，那么你就要尽量忘掉那些不愉快的经历，多给自己一些积极的心理暗示，凡事多往好的方面想想，也可以结合自身的兴趣，去寻找人生的新目标，重新让自己忙碌起来。

其次，我们可以进行换位思考。所谓"当局者迷，旁观者清"，我们可以试着跳出自己的角色，站在旁观者的立场上，来重新审视自己。假设自己是旁观者，自己会不会去原谅当局者的自己呢？自己会不会去原谅一个内心煎熬，但已经诚心改过的自己呢？我想大多数人都会选择原谅那个当局者的。

再次，我们可以对自己过去的错误做一个总结。回忆一下自己曾经犯过的错误，想想如果再遇到类似的问题，自己将会怎么做。我们可以从曾经的错误中提炼出处理问题的智慧，这样，自己的负罪感将会渐渐消退。其实，很多的错误都是因为自己不够理智造成的，在以后遇到问题时，只要能够保持大脑清醒，行为不鲁莽冲动，多考虑他人的感受，那么犯错误的可能性也就会减小很多。

最后，人生的道路上，犯错是必然的，我们总会在自己的错误中一点点长大、成熟。没有人会永远揪住别人的错误不放，我们也没有必要揪住自己的错误不放。我们只要诚恳地面对自己的内心，积极地总结自己的经验教训，坦然地放下自己的包袱，那么，我们心中的阴影将会被驱散，曾经的错误，也将"坏事变好事"，成为人生另一种特别的养分。人与人之间的关系也将会越来越和谐、融洽。

爱的练习题

（1）我相信你曾经也一定犯过错误吧！你是如何从错误中走出来的呢？

（2）如果你身边的人犯了错误，你是会原谅他，还是会谴责他呢？

抛弃那该死的"不得不"

沉淀后，去做一个温暖的人，有自己的喜好，有自己的原则，有自己的信仰，不急功近利，不浮夸轻薄，宠辱不惊、淡定安逸、心静如水！

我相信，在日常生活中我们总会遇到一些不得不去做的事情。比如：工作的时候，遇到不喜欢的客户，但是为了能够成交，你也不得不对其笑脸相迎；到了适婚的年龄，虽然自己感觉单身没什么不好，但是迫于父母的高压，你不得不结婚，结婚后又不得不生孩子。这些事情并非出于自己的本意，但是，又不得不强迫自己去完成它。这是一种非常消极的遇事态度，也是强加给自己的精神枷锁。

当然，有些时候我们会身不由己，我们要学会去适应环境，但并不是所有违背我们自己意愿的事情，我们都要去忍受。我们每个人都有自己的人生观、价值观和为人处世的原则，在有些问题上，我们不能够违背自己的原则，我们也不能够因为被迫就妥协，因为你一旦妥协了，那就是对自己的一种否定。你一直违背自己的意愿去做某些事情，最终是不会有好结果的。即使收获了某种形式上的利益，但是你真的就会感觉高兴吗？

在现实生活中，我们都希望在事业和情感中找到属于自己的位置，找到自己的幸福，并证明自己的价值。但是这个位置并不是去迎合他人，也不是去随波逐流，应该从我们的内心去寻找。也许你还很迷茫，并不知道自己想要的是什么，于是你着眼于别人希望你做什么，别人想让你怎样。你只有不断地发现自我，倾听自己内心真正的心声，才能知道自己真正的需要。生命有限，不要总活在别人的观念中，为别人而活，不要因为外界的一些因素去违背自己的内心，用痛苦去折磨自己。

小A在上学的时候就出现了强迫自己，不得不去做某件事情的行为，比如，他经常写作业会写到很晚，原因是他每做完一道题，总会一遍又一遍地检查，题目答得不满意，重写；字写得不漂亮，重写，就这样，他总是越写越多，越写越晚，常常要写到下半夜才能写完。

成年了以后，小A这种强迫自己的行为不但没改，反而越来越强烈了。他每天刷牙洗脸要花上很长的时间，总是刷了又刷，洗了又洗，还是觉得不干净。他很少在外面的公共厕所方便，能忍尽量忍着，就是到了自己家，每次上厕所前总要将马桶里里外外检查个遍，一再地确认马桶是否干净，他的内心一直在提醒自己，如果马桶不干净沾染上病菌，那可怎么办啊！上完厕所后，洗手时总会先将香皂冲洗干净，然后再往手上打泡泡，他往往会重复地擦啊擦，直到整个水池都溢满了香皂泡，他洗个手都要耗上半个小时。特别是早上，家里的其他成员若是在他后面用卫生间的话，往往要被拒之门外一个小时以上，这样的后果就是小A和他的家人们上班上学都得迟到。

　　小A其实也不想这么做，但是他的内心总是有一个声音强迫他不得不这么做。在家，他每天吃东西、上厕所，包括上床睡觉都要再三地检查，反复确认干净才行，这给他和家人造成了很大的困扰，他的妻子也常常为此与他吵架，使他们之间的感情产生了隔阂。一次小A与妻子在家吃早饭，妻子放碗筷的时候将他的碗筷与妻子的碗筷放错了位置。因为碗筷的样式都是相同的，妻子当时也没有注意，便拿起碗筷吃了起来，这时小A却呆呆地坐在那一动不动。他的妻子见他不动，便询问："你怎么还不吃，马上迟到了！"只见小A支支吾吾地说："你拿错了碗筷，你用的是我的！"他的妻子顿时发火了："怎么着！嫌弃我啊！我还嫌弃你呢！真是受够了你！"小A觉得很委屈，他并不是嫌弃自己的妻子，他总是控制不住自己，他无力地跟妻子解释着，但妻子根本听不进去，他们之间为此根本就没有办法正常地交流了，他们之间的感情也再次亮起了红灯。看到妻子夺门而去的身影，小A陷入了深深的自责。

　　他在公司也是这样，每做一件事情，都要再三地确认，每个做好的文件都要重新检查好多遍，这使得他的工作效率非常低，往往因此而耽误了工作，领导多次找他谈话，同事们也害怕自己会被他拖累，而不愿意与他合作。

因为他总是强迫自己去做这些事情，他无法与人正常的交往，这让他非常苦恼，他觉得自己是患上了某种心理上的疾病，这让他感到非常自卑，越发地阻碍他与人正常交往了。

通过上面的事件不难发现，强迫自己去做一些事情，未必就能得到自己想要的结果。小A并非发自内心想去那样做，而是他有着强大的心理负担，强迫自己去做那些事，总有个声音让他觉得眼前的事和物都不够完美，才使得他的生活与工作都搞得一团糟。其实，他大可放下这种心理负担，只要遵循自己的内心去完成某件事就好了。

当然，谁都不愿违背自己的心意去做事情，最终迫于生活的无奈，只能那样去做，这种对于现实的无奈、力不从心，让自己付出了却得不到相应的回报，真的是相当不值得。而且，这种强迫自己的行为也对自己和他人极其不负责任。因为你有违自己内心去做的事情，不但对自己和他人负不了责任，还会耽误大家的幸福。

不是出自自己的真心，又怎可能发自内心地与他人交往、交流。尽然没有真心的沟通，又怎么可能达到你预想的结果？所以，不管是做什么事情，都要发自真心，不要受到外界因素的强迫。那么，我们如何才能够做到不受外界的胁迫，去做真实的自己呢？

首先，要不忘初心。遵从自己的内心，找到最好的自己，我们每个人都具有独特的天赋与品质，这些身上潜藏的才能与力量都等待开花结果，我们要尽量释放最好的自己。"不忘初心，方得始终"，初心是与生俱来的，如果中途你让其夭折了，那是何其悲哀啊！

其次，要充分地认识自己，不要在意他人的看法。因为太过在乎他人的看法，往往会使自己迷失，丢掉真实的自己。为了满足他人的期待，维护自己在他人心目中的形象，去压抑自己的天性，总有一天你会后悔的，那时你会问自己为何要去取悦他人，却唯独漏了你自己，这样的你是不会开心的。只有为了自己去活，才能得到真正的幸福，只有自己幸福了，才能给他人带来幸福。

再次，我们一生都会去做很多自己不得不去做的事情，而不是自己真正想去做的事情。只有你内心深处真正渴望去做的事情，才能真正有益于你的成长，而那些你不得不去做的事情，在多数的情况下，也许只是对他人有用，也有可能对他人、对所有人都没有用。

最后，人生如此短暂，我们应该多做一些有意义的、能让自己开心的事情，只有这样才没有来世间白走一遭。就如林语堂先生所说的那样：人生不过如此，且行且珍惜，自己永远是自己的主角，不要总在别人的戏里充当配角！

爱的练习题

（1）你是一个遵循自己内心的人，还是一个容易受外界影响的人呢？

（2）你一定也遇到过一些不得不做但对自己无益的事情，你是如何处理的？

拒绝别人有诀窍

成功地拒绝他人的不实之请，不仅可以节省自己的时间和精力，还可以免除由不情愿行为带来的心理压力。

在日常生活中，难免会遇到各种请求、要求或者命令。每每这种时候，接受要远比拒绝更容易，但是仅仅因为一时的心软、胆怯或者所谓的面子问题，就有求必应的话，很可能会带来很多不好的后果，甚至付出昂贵的代价，最终害人害己。

我们每个人都有说"不"的权利，我们没有必要因为拒绝他人而感到不好意思。当我们遇到问题的时候，要审时度势，该说"不"时，就要说"不"，如若勉强接受他人的要求，就会依循他人的轨迹生活，扰乱了自己的步伐，长此以往，我们将无法保持一个完整的自我。而且，如果你接受的是一个自己不擅长的请求，那么你极可能无法完美地完成对方的要求，在这种情况下，不但维护不了彼此之间的关系，还很有可能导致彼此之间产生矛盾，甚至关系破裂。

　　小A和小B是关系非常好的同事，他们不但在公司相处得不错，业余时间也常一起玩，小A还一直挺欣赏小B的率直个性。

　　小B最近新交往了一个女朋友，因为忙于谈恋爱，经常很难完成自己的工作，于是他经常会让小A帮忙。这不，快下班的时候，小A又接到了小B的电话，请求小A帮他写一份企划案，说公司已经催了好几次了，让小A务必在明天上班的时候完成，不然他就死定了。可是小A也有自己的工作要做，这么短的时间，怎么可能完成得了，这让小A觉得非常为难。

　　自从小B交了女朋友之后，总是以自己的"终生大事"为由，请求小A的帮忙，刚开始的时候，小A都毫不犹豫地答应了他的要求，他觉得朋友之间相互帮忙也是应该的。但是现在小B经常让小A帮他做事，小A为此非常不快乐，他发现自己越来越讨厌帮小B做事了，可是又不知道该如何拒绝小B。小A觉得如果直接拒绝小B的请求，那么他肯定会失去这个朋友。

　　第二天，小A并没有及时地完成那份企划案，小B对此表现得非常愤怒，他对小A说："你若不想帮我，可以不帮，但是不要答应了却不做，你是想要害死我吗？亏我还当你是朋友！"

虽然，小A并不想失去这个朋友，但是因为小A 不善于拒绝对方，最终还是失去了这个朋友。

在我们的生活中，像小A这样的人还有很多，他们总是因为种种顾虑，缺乏拒绝他人的勇气，最终却被他人给拒绝了。王家卫的电影里有这么一句经典的台词："要想不被别人拒绝，你最好先拒绝别人。"在我们日常的工作和生活中，我们应该要在适当的时候有拒绝他人的意识和勇气。只知道一味地迎合、妥协和逆来顺受，并不会得到对方的尊重，反而会受到对方的轻视。如果我们能够以恰当的方式拒绝对方，不但不会得罪对方，还会得到对方的尊重，让对方对你刮目相看。

卡耐基早期进行培训讲座的时候，在市中心的一家饭店租了一间舞厅作为他的演讲场所，因为租金相对便宜，所以在很长的一段时间内他都没有为此担忧过。

但是有一天，他突然接到饭店职员打来的电话，说是要将租金涨到之前的三倍。当时卡耐基的培训工作全都准备就绪，如果这个时候搬迁的话，将会打乱他所有的计划，导致他的工作无法正常进行，这对他来说可不是一个好消息。于是，他拒绝了这个无理的要求，并要求跟饭店的经理谈谈，让经理取消这个计划。

卡耐基见到了饭店的经理以后，他微笑着对经理说："我很惊讶你会做出这样的决定，当然我并不是要责备你。因为如果我是你的话，我想我应该会和你做一样的决定，不这样做的话，无法保证饭店的利益，你也可能会受到连累。"

卡耐基看了一眼经理，继续说："我们现在来分析一下这个决定的利与弊：的确，你将它租给了其他人，毫无疑问，你们所得到的租金肯定会比现在高很多。但是，如果我们因为付不起租金而退租了，那么你这块地方势必会空出来一段时间，而空出来的这段时间是没有人给你们租金的，这种情况实质上是在减少你们的收入。而且，你们应该也知道，我每次举行讲座的时候都会吸引来很多人，这些人当中也不乏一些名人。你不觉得这是一种非常好的广告吗？你好好想想，你们每次做广告要花费多少钱，它也不一定会比我这个效果好吧？"

经理听了卡耐基的话以后，觉得颇有道理，决定回去再商议一下。卡耐基对经理说："好的，请认真考虑一下吧！有消息尽快通知我！"

结果，那位经理很快打来了电话，取消了涨租金的决定。

巧妙地拒绝他人应该是审时度势、有礼有节、随机应变的，这样即使你拒绝了对方，对方也可以轻易地接受，就像上文中的经理一样。如果你想让对方接受你的拒绝，有一个很好的办法，就是让对方看清现实。因为大多数人在面对问题的时候，都是以自己的经验和立场去做判断，而且还坚信自己是正确的，所以我们应该帮助对方去分析客观存在的现实，就如同卡耐基那样，让对方对现在的处境有一个客观的感受，这样既不会破坏彼此之间的关系，还能够给对方留下一个不错的印象。

我们在巧妙拒绝他人的时候，可以参照"五个要，六个不要"的原则。

五个"要"为：

要委婉拒绝。当你有不得已的苦衷时，如果能够向对方委婉地进行说明，委婉地拒绝对方，对方不但不会怪罪于你，很有可能还会感动于你的真诚。

要微笑拒绝。在拒绝对方的时候，如果能面带微笑，态度端正，会让对方感受到你的礼貌和对他的尊重，即使被拒绝了也能欣然接受。

要有选择性地拒绝。我们可以有选择性地对别人进行帮助，拒绝不合理的要求，如此一来，对方还是会感谢你。

要有出路的拒绝。拒绝对方的时候，如果能给对方提供其他的方法，帮助对方找出另外一条出路的话，也是在帮助对方。

要补偿拒绝。在拒绝对方请求的时候，给予对方一定的补偿，如此对方会更容易接受你的拒绝。

六个"不要"为：

不要立刻拒绝。即使对方提出的要求很过分，也不要立刻就拒绝对方，因为这样会让对方觉得你是一个冷酷无情的人，极有可能会对你产生成见，不利于以后的沟通。如果我们能给对方一点调节情绪的时间，然后再向对方分析拒绝他的原因，也许能够被对方所理解。

不要轻易拒绝。面对他人的请求时，不要轻易地拒绝，并不是所有的请求都是不合理的，如果我们轻易地拒绝了对方，极有可能会失去帮助他人、获得友谊的机会。

不要在生气的时候拒绝。人在生气的时候，往往会不假思索就说出一些过激的言语，而这些言语很容易伤害到对方，让人觉得你毫无同情心。

不要随便拒绝。在拒绝他人的时候不能太随便，那会给人一种敷衍的感觉，觉得你不重视他，容易对你产生反感。

不要无情地拒绝。拒绝他人的时候不要摆出一副冷酷无情的姿态，因为表情冷漠、言语严峻的拒绝会让人觉得你不近人情、难以交流，会让对方觉得难堪，甚至会使双方反目成仇。

不要傲慢地拒绝。在生活中没有谁会喜欢一个盛气凌人、傲慢无理的人。一个有求于人的人本来就有些自卑，你再以傲慢的态度去拒绝他，对他而言无疑是一种打击，让他如何能接受得了呢？

爱的练习题

（1）面对他人的无理要求，你通常是如何应对的？是拒绝还是接受？

（2）"接受他人的要求就是在帮助他人"，你觉得这句话对吗？为什么？

释放被情绪压抑的心灵

任何时候，一个人都不应该做自己情绪的奴隶，不应该使一切行动都受制于自己的情绪，而应该反过来控制情绪。

西方有一则这样的寓言故事：有一只小猴子发现了一个又大又红的苹果，但是这只苹果被锁在了一个铁笼子里。小猴子将手从铁笼的缝中伸进去，刚好抓到了苹果。可是当小猴子想把手收回铁笼外面时，紧握苹果的拳头却怎么都穿不过铁笼的缝隙。小猴子的手就这样被困在了笼子里，如果它想将手收回，脱离铁笼的束缚，就必须放弃手中香甜的苹果。

这则寓言故事就告诉了我们一个道理，若想获得一些东西，就必须懂得"释放"。释放长久积压在自己内心的情绪，我们的心灵才能重获自由。我们只有勇于释放负面消极的情绪，才能更快地忘掉曾经受到的伤害，更加仁慈地看待以往的过错和批判。一个人有消极的情绪并不可怕，只要你自知有情绪，并能够将自己的情绪释放出来，就是思想成熟的一种表现。著名的心理学家黄维仁曾说过："活在爱中的秘诀，当我们学会表明自己内心的想法和情绪时，同时能拿心灵的笔常常标明别人的长处、善意和所做的努力时，我们会过得更快乐，双方的关系也会更融洽。"

相传有一次成吉思汗外出打猎，正当他口渴难耐的时候刚好看到附近有一洼山泉。他走到泉边，捧起泉水正准备喝的时候，突然看到一只老鹰从他头上疾驰而过。成吉思汗一惊，将即将入口的泉水撒了一身。"这只该死的老鹰！"成吉思汗在心中暗骂，被搅了喝水兴致的他勃然大怒，抽出背后的羽箭便向老鹰射去。

成吉思汗顺着老鹰坠落的地方爬上了山顶，他发现了被羽箭穿胸而毙的老鹰。不仅如此，他还看到在老鹰陈尸的山泉水源头躺着一条被老鹰啄死的大毒蛇。这时，成吉思汗才恍然大悟，原来老鹰并不是要故意惊扰他喝水，老鹰的目标原来是这条大毒蛇。

这时的成吉思汗内心不免有些悔悟，不该如此按耐不住自己的情绪，冤枉了一只好鹰。如果不是这只老鹰将大毒蛇给啄死，那么现在死的可能就是自己。老鹰实际上是救了他一命的功臣，自己居然将救命功臣给射死了。此时的成吉思汗感到非常后悔，他决定以后再也不随便发怒了。

按耐不住自己不好的情绪，极有可能像上例中的成吉思汗一样做出错误的举动，最终让自己觉得遗憾。

当然，人不可能永远都处于好的情绪之中，在我们的生活中，难免会遇到一些不开心的事情，自然就会有负面情绪。遇到这种负面的情绪我们应该及时地疏导它，将它释放出来。只有经过释放，一些善良的、美好的能量才能展现出来。

某个著名的心理学家在一份关于社会和个人关系的研究中发现：一个人习惯性地隐藏自己的情绪，对感情的发展和经营能力的产生会带来负面的影响。"不在沉默中爆发，就在沉默中灭亡。"在现代生活中，随着生活节奏的加快，人们情绪的波动也越来越大。我们只有学会做情绪的主人，才能掌握住自己的命运，才能在残酷的社会竞争中经受住各种考验，才能更好地与身边的爱人、亲人、朋友们和谐相处。

释放自己的情绪是非常必要的，但是也不能随意释放，只有适当地释放自己的情绪，才能得到想要的效果。

小A大早上刚进办公室就将公文包重重地摔到桌子上，原本沸腾的办公室，顿时安静了下来。小A便唐僧念经般地抱怨起来："倒霉死了，简直是流年不利、事事不顺！被老板骂，路上还差点出车祸。你们这一个个的，不同情我、不安慰我就算了，还有说有笑的，真是世态炎凉啊！"大家看到小A那阴气沉沉的脸，谁都笑不出来了，一个个都溜回自己的位置，假装专心地工作。

小A每次一有情绪，就好像所有人都得罪了他一样，只要谁高兴了一点，他就觉得是在跟他作对，不是摔桌子，就是讥讽对方。搞得所有人都对他退避三舍，谁还愿自讨没趣地和他讲话，所以他在办公室的人缘越来越差，谁都不想主动与他交往。

正在这时，实习生小B走进办公室，他感觉气氛有些不大对劲。还没到上班的时间，平时这个时候办公室里总是有说有笑，各自讲着欢快的段子。今天怎么回事，大家都面色严肃地埋头做着各自的事情。

"这么安静好不适应啊！怎么了？"小B轻笑着问身边的同事。身边的同事对着小A的方向给小B使了个眼色，顺着同事眼神的方向小B看到小A正鼓着腮帮子在那生闷气。再看看办公室内的其他人低着脑袋似默哀一般，整个办公室都沉浸在低气压中，搞得人心情好不爽。

小B刚来，还不了解小A的脾气。于是径直走到小A的身边，心直口快地说道："A哥，每个人都会有心情不好的时候，如果每个人都像你这样，那么大家都会失去欢笑，每天都只能默哀了。因为你的原因而让大家都心情不爽，是不是对其他人有点不公平啊？"

小A 没想到，一个实习生小弟居然会跟他这么说话，小A一时没有反应过来，愣在了那里，过了一会小A羞愧地说："我只是想排解一下自己的情绪，跟大家说说而已！"

生活中也有许多和小A一样的人，难以控制自己的情绪，总是将自己的负面情绪传染给周围的人。不仅让身边的人不舒服，还会让自己失去身边人的喜爱，让我们无法与身边人正常的交往沟通。

安东尼·罗宾斯曾说过："成功的秘诀就在于懂得怎样控制痛苦与快乐这股力量，而不为这股力量所反制。如果你能做到这点，就能掌握自己的人生，反之，你的人生就无法掌握。"很多时候，并不是我们没有足够的能力和智慧，而是没能控制自己的情绪。只有控制好了自己的情绪，我们做事情才能游刃有余，才能扫清通往成功路上的障碍。那么，我们应该如何调节和控制自己的情绪呢？

第一，做事不要急于求成，要放轻松一点，不要为一些琐事所累，退一步海阔天空。

第二，保持内心的平静，所谓知足者常乐，要宽容待人，淡泊名利、从容冷静。

第三，学会善待自己，要接纳自己的现状。学会认可自己，多为自己鼓掌、学会劳逸结合、宣泄生活中的烦恼。

第四，要换一个角度来看待问题，乐观地面对人生，需要学会享受生活。

第五，正确地评估自己，放下一些不切实际的目标，应该放下的就放下。

不要让情绪禁锢自己，做自己情绪的主人，释放自由的心灵。世界上没有真正不快乐的人，只有选择不快乐的心。做自己心灵的舵手，不要让那些纷扰的事情左右自己的情绪，为自己的天空涂上靓丽的色彩。

爱的练习题

（1）你曾经有没有被身边人的负面情绪影响过呢？

（2）如果你现在的情绪非常差，你将如何去调节现在的坏情绪呢？

04

无论你想说什么，一定要真实

那些莫名的冲突从何而来？

爱是理解的别名！

冲突在现实社会中无处不在，它是一种普遍存在的现象，它可能发生于人与人之间、人与群体之间、群体与群体之间。它小到个人，大到国家。人与人之间常常会因为一言不合就引起冲突，国与国之间常常因为国家的利益产生冲突，甚至是战争。

在芸芸众生之中，每个人的性格和观点都不同，每个人的关注点和利益点也不同，每个人所站的立场也不一样，所以会产生这样或那样的问题，冲突也会随之而来。而这种冲突往往会造成人与人之间关系失和、彼此的冷漠、互不理解、相互仇视。从小的方面说，可能会引起家庭的矛盾，从大的方面说，会引发人类社会的瓦解。所以，冲突对我们来说不容小觑，它阻碍了我们人与人之间情感的交流，甚至会阻碍社会的发展。

小A和小B是同宿舍的舍友。小A是一个学习标兵，各科的学习成绩都很好，平时大多数的时间也都用在了学习上，很少会去和其他同学瞎凑热闹，只是偶尔和舍友们互动一下，平日和同学们几乎没有什么交流与沟通，也很少有朋友来宿舍找他玩，所以他每天都会早睡早起，作息时间也相当规律；小B却不怎么爱读书，他在校的大多数时间都以玩电脑游戏为主，而且为了玩游戏他经常废寝忘食，直到深夜才睡，他沉浸在游戏的世界里，经常会一边玩游戏一边配合游戏中的队友大叫。偶尔因熄灯电脑没电了，他也闲不住，不是打手电看小说，就是在那放声高歌。小A和小B之间的作息时间存在相当大的差异，他们彼此都觉得是对方影响到了自己的休息，因为这事他们之间一直存在着矛盾。

由于起初他们都采取回避的态度，也没有将对对方的不满直接告诉对方，所以也没有起什么冲突。但是，时间长了，小B却一点都不知道收敛，越来越吵闹，这时，小A实在是忍无可忍，情绪就开始变得有些暴躁，小A开始警告小B，但是警告了几次仍不奏效，最终，冲突就爆发了。小A指责小B经常玩游戏玩到半夜，还老是发出声音，影响他人休息，小B就指责小A每天起得太早，老是将自己吵醒。于是他们之间你指责我，我指责你，冲突就这样断断续续来来回回一次又一次地爆发了，他们之间的关系也越来越紧张，他们之间几乎没有什么交流，除了冲突发生时的正面冲突，平日连话都懒得说，搞得整个宿舍都沉浸在灰色的阴霾之中。

小A和小B之间的冲突就是因为他们彼此之间没有充分地为对方着想，没有真正地去理解彼此，也没有心平气和地坐下来沟通，分析彼此之间存在的问题。他们都只想到了自己的利益，而没有为对方的利益着想，所以才使得原本的小矛盾发展成了后来的冲突。一旦通过沟通了解了彼此内心的真正所想，站在对方的角度去思考问题，那么，就可以化解彼此之间的冲突。

在现实生活中，那些莫名其妙的冲突究竟是从何而来的呢？很多时候冲突是源于彼此之间相互不了解、不理解。人们经常会说的一句话"理解万岁"，就很能说明理解的重要性。人与人之间发生的一些不愉快，大都是因为缺乏理解，我们总是喜欢站在自己的立场上，去衡量他人的所作所为，因此无法理解他人的苦衷与难处。但是如果你充分地理解了他人的难处，设身处地地去为他人着想，那么冲突就不会发生。

所以，避免彼此之间的冲突，就是要充分理解他人。有很多的人际关系，都是因为彼此之间不理解而产生了分歧，如与自己的爱人、家人、朋友、同事、上司，甚至于国家与国家，地区与地区，也会因为彼此的隔阂与不理解产生冲突。理解可以改变一个人的态度与心境，消除内心的不悦，避免冲突的产生。所以，如果我们要想好好地与他人相处、交流、合作的话，彼此的了解是必不可少的。

那么，我们应该如何去充分地理解对方，避免冲突的发生呢？还有没有其他避免冲突的方法呢？

首先，当我们与对方发生冲突时，先要静下心来，尽量不要被自己的情绪牵制。冷静地思考你们之间冲突的根源是什么，在心里想想解决冲突的方式方法。要注意好处理问题的分寸，避免冲突的发生。情绪会让人激动，失去理智，会加剧矛盾与冲突的发生，因此控制好自己的情绪在处理问题时是相当重要的。

其次，我们要换位思考，站在别人的立场上去考虑问题，设身处地地去想想如果你是对方，你将会怎么做。如果已经产生了矛盾，那么你不妨听取一下对方的看法，为什么对方会这么做，是不是你也有责任呢？经常以对方的眼光去看待问题，就更加容易去理解对方。还要提醒对方与你进行换位思考，如此便能充分理解对方，才更容易完成彼此之间的交流，避免冲突的发生。

再次，要胸怀大度，不要斤斤计较，不管对方的话中不中听，做的事情是对是错，有没有伤害到自己，都应该坦然面对。要多在自己的身上找原因，不要去怪罪他人。除此之外，我们还要勇于接受别人与自己不一样的观点，接受人与人之间的差异，求同存异，展开自己的胸襟，去接纳集体的智慧，这样才有助于双方的关系和谐发展。

最后，在我们的生活中，只要我们严谨地要求自己，宽容地对待他人，对彼此多一些理解与包容，那么我们就可以减少冲突的发生，从而使我们的交流更通畅，相处得更融洽，生活得更幸福！

爱的练习题

（1）在你的生活中，如果与身边的人发生了冲突，你将会如何去缓解这种冲突呢？

（2）还有没有其他避免冲突的方法？你能列举一些吗？

先观察，不要总急着评论

欲要看究竟，处处细留心！

我曾经读过这么一个故事：在一个小山村，有一间废弃的房子。每天早上都有一只小鸟准时光顾这间废弃的房子。远远看去，这只小鸟站在窗台上，用头不断地撞击着窗户的玻璃，之后被弹落到窗台，但它仍不放弃，又飞起来继续撞击，如此反复，每天都要撞上十来分钟。路过的人们对小鸟的这种行为非常不解，人们都纷纷猜测这只小鸟是想要飞到房间里。但是这扇紧闭的窗户旁边就有一扇敞开的大窗户，小鸟为何不从大窗户进去，而非要用头去撞这扇小窗户呢？于是人们得出结论：这是一只小笨鸟。直到有一天，有一个人无聊地拿来望远镜向窗台望去，才揭开了小鸟撞头的真相。原来这扇小窗户的玻璃上沾满了小飞虫的尸体，那只被大家当成小笨鸟的家伙正在那儿吃得不亦乐乎呢！直到这时，大家才意识到这是一只聪明的小鸟。

人们未经调查就去武断地下结论，将一只聪明的小鸟诬陷成一只笨鸟。他们将自己固定的思维模式强加给这只小鸟，仅凭着自己的猜测就自以为是地给这只聪明可爱的小鸟扣上了笨鸟的帽子。这就是行事之前欠观察思考的典型例子。凡事"三思而后行"，千万不可仓促、武断地下结论，这样往往看不清事情的真相，给人家乱扣帽子，还有可能冤枉了好人。这是一种冲动、不理智、不成熟的表现，它会给我们与他人的交往设置障碍，不利于与他人之间正常的沟通，破坏和谐的氛围。

我们不管是待人还是接物，都不要不明真相地妄下结论、盲目地行动，做任何事情之前都要先仔细观察思考，要养成先思后行的习惯，而且还要掌握思考的智慧，这样才能事半功倍，避免走一些没有必要的弯路。在现实生活中，仅凭一些片面的小事，就过早地给某个人或某件事下结论的情况也屡见不鲜。

小A在一家公司做文职工作，她所在的部门女孩特别多，大家之间的相处都非常好，整日有说有笑的。最近公司来了一个新同事小B，大学刚刚毕业，人长得也非常漂亮，性格略微内向，平日言语不多，感觉不是很好相处。而且公司内部还有传言，小A特别讨厌的那个领导将他的亲戚也弄到公司来了，小A暗自在心里想着，小B应该就是那个讨厌的亲戚。有一次小B在收取员工们文件的时候，单单漏收了小A的文件，害得小A单独跑了一趟，还被领导痛批了一顿，这件事一直让小A耿耿于怀，她觉得小B根本就是在针对自己，小B绝不是一个可以真心相处的朋友。

自那以后，每当小A遇到小B总是对她退避三舍，顶多也就在见面时尴尬地向她点个头。小A的这种举动让小B觉得有些郁闷。小B一直觉得自己并没有什么事情得罪小A啊？小A为何不愿意搭理自己？

有一天，小A加班到很晚，当她走到公司大楼门口的时候，发现下雨了，但是她却没有带雨伞，被迫无奈，小A只好躲在一楼的大厅躲雨，等待雨停。正在这时，小B也从楼上下来了，小B一眼就看到了正在大厅躲雨的小A。小A也看到了刚刚下楼的小B，目光对视的时候，小A有点尴尬地苦笑了一下。正在小A觉得浑身不自在的时候，小B居然面带笑容地向自己走了过来，并亲切地和她打招呼："hi，你没带伞吧，我们共用一把伞吧？"这时，小A有点搞不清楚状况，但也不好拒绝，于是轻轻地点点头以表赞同。就这样小A和小B一起向地铁站走去。

在前往地铁站的途中，小B终于忍不住了，便将自己的疑问和盘托出，问小A为何总躲着自己？是不是有什么地方得罪了大家？小A见小B为人不错，并不像自己想象中的那样难以相处，便将事情的原委道了出来。直到这时小B才搞清楚为什么小A不愿意与她交流，原来是小A一直误解了她，于是小B向小A说了事情的真相：小B跟那个讨厌的领导根本就没有半毛钱关系，甚至根本不熟悉。关于收文件这件事，小B当时收文件的时候小A刚好有事不在位置上，旁边的同事告诉小B说小A的资料还没有整理好，小B担心拿着未完成的资料去给领导，小A会受到批评，所以小B才没有及时地帮小A送过去。没想到，小A居然因为送迟了，依然被领导批评了。小B当时就向小A承认了自己的疏忽，如果当时等小A回来，当场向小A证实，就不会产生误会了。

通过这次的接触，小A深深地感受到小B真的是一个不错的女孩，自己如此草率地就去给一个人下结论，真的是太不应该了。这时，小A觉得非常愧疚，自己居然因为误信传言，仅凭一点点的小误会就去判定一个人，让她差点失去了一位好朋友。

上面实例中的小A就是在还没有完全了解小B的情况下就给小B下了结论，并认定小B是一个难以相处的人。单单靠着自己的猜测，未曾经过调查核实就胡乱断定某人或某事是非常片面且不可取的。俗话说"耳听为虚，眼见为实"，不要听到什么就对事件的本身产生怀疑，要以眼见的事实为据，何况，有时眼见的也未必就是事实。

据说孔子当年受困于陈国和蔡国交界的地方，饭菜全无，整整七日没有吃上米饭。有一日他的徒弟颜回去讨米回来煮饭，当米饭快熟的时候，孔子见颜回偷偷抓锅里的饭吃，当时孔子并未言语。当饭熟了，吃饭的时候孔子对颜回说："我刚刚做了一个梦，吃饭的时候，我自己先吃饱了，才将饭盛给长辈吃。"颜回一下明白了老师的意思，连忙回答道："刚刚是碳灰飞到锅里将米饭弄脏了，丢掉了太浪费，所以我就将它吃了！"孔子感慨说："眼睛看到的也不足以相信，心中所想的也不足以相信，要想真正地去了解一个人还真是不容易啊！"

就连孔子这样的圣人都曾经犯过着急于下评论的错误，更何况我们这些普通人呢？所以说，遇事别太着急，不要太早下结论，也许你的眼睛看到的仅仅是一场误会！那么我们在如此快节奏的现代社会中，更要静下心来，用心去观察，去感悟人生的真谛，不要太着急，不要总急着下评论，这样才能避免错误的发生。

那么，我们应该如何避免因着急评论而犯下的错误呢？

我们会错误地评判一件事往往是因为不了解、无耐心、缺乏思考，未能体谅对方，在情急之时发生的。我们一直想着对方的错误，未曾全面地了解对方，才会使自己在错误的泥潭中越陷越深，直到产生很深的误会，使彼此的关系难以修复。所以，我们要切记以下两点：一是不要以先入为主的片面观念去无端猜忌他人。在没有事实根据的情况下就过早地下结论，这样很容易冤枉好人。遇到问题不要仅凭自己的主观意识，不经过调查研究就轻易去判断，毫无依据地瞎猜，因为主观意识，常常会造成识人的错误和偏差。所以在现实生活中不管对人或对事，都不要先入为主，戴着有色眼镜看人，更不要以小人之心度君子之腹。二是遇事要沉着冷静，切忌冲动。弄不清楚的事情要多看看、多想想，等弄清楚了之后再说，要注重调查研究，让事实说话。就算有了猜疑，也不要急于评论，要本着实事求是的原则，调查清楚了以后再做评论。

先观察，不要急着去评论。着急地评论往往会失去客观公正性，它是一种消极的心理暗示，阻碍人与人之间感情的交流，给彼此造成伤害。所以，我们在下结论前一定要好好观察，通过事实去发现真相！

爱的练习题

（1）你是否也曾未经证实就随便地评论他人？你觉得这么做对吗？

（2）对于初次见面的人，你是仅从他的外貌就决定要不要和他做朋友，还是通过一段时间的观察了解后再决定要不要和他做朋友呢？

与其猜测，不如直接说出你的需要

一个人要表现最高的真诚，就必须做到无事不可对人言。

在现实生活中，总是有很多人显得十分含蓄、内敛，不喜欢将自己的喜怒哀乐表现出来，更不愿意向他人表达自己内心真实的感受，有什么事情总会闷在自己的心里。也许你会说，这是一种沉稳、谦虚、有涵养的表现，但是我却无法完全苟同。在这个高速发展的时代，人们每天都在繁忙中应付各种各样烦心的事务，根本没有时间去关注他人的内心世界。在这个时代，你只有真实地表达出自己的想法，才能够使心灵与心灵之间彼此沟通、思想与思想之间相互碰撞，让他人真正地了解你的想法和需要。

与其自己在那胡乱猜测，不如直接说出你的需要，否则也许会失去原本属于你自己的东西。

西蒙是某公司设计部的设计师，最近他非常的郁闷，原因是他的主管总是窃取他的劳动成果，老是将西蒙的设计方案署上自己的名字上交到公司。他觉得自己相当委屈，但是他却没有勇气去质疑自己的主管，更不敢将自己的真实感受表达出来。他的主管是一个很会搞人际关系的人，他和公司高层领导的关系都非常不错，而且大家都认为他很有能力，将来前途无量。

西蒙一直很犹豫，如果他将事实说出来，会有人相信他吗？也许别人会认为他是在嫉妒主管的才能，认为他是为了发泄自己的不满故意地去黑主管。就这样经过了无数遍的心里挣扎，他始终没有说出自己内心真实的想法，面对这样一位主管，西蒙实在没有办法与之一起共事，在无可奈何的情况下，西蒙向公司递交了辞呈，离开了自己心爱的岗位。

两年以后，西蒙遇到了之前公司的一个同事，在闲聊之中西蒙得知那个主管在他辞职后不久就被公司炒掉了。同事告诉西蒙："那个主管一点真本事都没有，而且总是窃取其他同事的劳动成果，很多同事早已看不下去了，公司的领导们也早就不喜欢他了，除了拍马屁什么都不会。后来被同事告发，就被公司给开了！"听到同事这番话，西蒙在心中暗暗埋怨自己，"我实在是太软弱了，如果我当时表达出自己真实的想法，就不会离开自己心爱的工作了！"

西蒙因为没能及时说出自己真实的想法，导致自己失去了喜爱的工作，如果他能够与上级之间做好沟通，那么，当时离开公司的就不会是他，而是他的主管。

在现实生活中，有很多人都不愿真实地表达自己的感受，他们不够自信，担心说出来得不到他人的支持，反而会成为他人的笑话，于是自以为是地觉得与其这样还不如不开口的好。当然也有的人是出于性格的原因，他们内向，不善于在人多的地方表达自己的想法。因为总是保持沉默，渐渐地就被大家忽视了，如何才能让大家真正地了解自己？既然别人都无法了解你，又如何坦诚地与你交流呢？这无疑在你们的交往过程中设置了一道屏障，你若想将这道屏障打通，就必须先从自我做起，从真实地表达自己的感受开始。

不仅仅在工作上，在个人的感情方面表达自己的真实感受，也是相当重要的。人与人之间的情感交流都是通过沟通达到的，通过了解别人，也让别人去了解你。当你们知道了彼此之间的兴趣、爱好、习惯和真实的内心想法，这样，你们之间的相处才会更加容易，感情才会随着相处的加深而升温。

小A和小B 是外人眼中公认的金童玉女，男的帅、女的靓，俨然一对璧人，天生的绝配。但是，前几天我遇到小A的时候，他却很沮丧地对我说，他已经和小B分手了。因为小A和小B都是我的朋友，对于他们俩我还是有些了解的。小B是一个温柔可人的美女，几乎没有什么缺点，她应该不会做出什么让小A痛苦的事情。在我的追问之下，小A向我道出了实情。

小A痛苦地对我说："小B确实是一个很好的女孩，人也非常优秀，但是有一点常常让人受不了。就是，小B从来不会真实地表达出自己的喜好，她总是让我在那猜啊猜的。比如，我们俩一起出去吃饭，她从来不会直接告诉我她想吃什么，每次问她，她总是说什么都行，但是只要我点的不合她的胃口，她也不会直接告诉我，而是一个人在那边生闷气。"我很理解小A的痛苦，他这样总是猜测对方的心思，真的是太累了，一次两次还觉得新鲜，但长此以往，真的会将人逼疯的。

小A无奈地向我继续诉说着："小B每次都让我猜她的心思，如果我猜不到，她就会认为我不爱她了。她的理论就是，如果我还爱她，我就应该会明白她是怎么想的；如果我爱她爱得够深，我就应该知道如何去满足她的需求。我实在是受不了，才与她提出了分手。我并不是不爱她，我只是受不了整天无休止地去猜她的心思。这让我非常痛苦，我们之间根本就无法正常地交流沟通。现在分手了，虽然有许多的不舍，但是我也从那种痛苦中解脱出来了！"

是的，不管自己多么爱对方，也不可能因此就有了可以解读对方大脑的特异功能。在爱的道路上，如果不能真实地表达自己的感受，而是一味地让对方猜测自己的心思，往往不但考验不了对方的真心，反而会弄巧成拙，失去自己心爱的人。

如果真的爱对方，就不要让对方去猜你的心思，虽然彼此之间会有默契，会心灵相通，但也不可能什么都知道啊。如果真的能做到什么都知道，那么我们都可以去摆摊算命了！无论何时，我们还是要真实地表达自己的感受，坦诚地交流比较好。现实中，很多人却不能清晰地表达自己的想法，也许是性格比较内向，也可能是不够自信。那么，我们应该如何克服这些问题，去表达自己内心真实的感受呢？我认为大家只要注意以下几点就可以做到：树立起自己的信心，俗话说"世上无难事只怕有心人"，要相信自己可以做好任何事情，要勇于在众人面前大声交谈，不要在意他人的目光；与人沟通前，先在大脑中整理好大致的思路，然后开口就说，不要追求华丽的辞藻，只要能表达清楚自己的意思就行；学会观察，看身边的人都是怎么做的，为自己找一个榜样，然后去模仿他，有很多套话在多种情况下都是可以运用的；要多多练习，谁都不可能生下来就会跑步的，只要多说多练，习惯了就成自然了。

爱的练习题

（1）在与他人交流的时候，你是会诚恳地表达自己的需要，还是会有所隐瞒呢？

（2）如果你的另一半从不愿表达自己的心声，你是会胡乱猜测，还是置之不理呢？

欣赏就表达，别吝啬你的赞美

赞扬是一种精明、隐蔽和巧妙的奉承，它从不同的方面满足给予赞扬和得到赞扬的人们。

美国著名心理学家威廉·詹姆斯曾说过，"人类本性上最深的企图之一就是被赞美、钦佩、尊重。"赞美是一种令人身心愉悦的语言，是人们对美好事物与行为做出的正确评价。赞美是一种品德、一种境界，是一种快乐、一种幸福，更是人际交往之间的润滑剂。它可以缩短人与人之间的距离，增进彼此的感情。赞美能够让平凡的人自信、沮丧的人振作、成功的人自豪。赞美他人还能让自己得到别人的尊重，给人与人之间的交流创造和谐的氛围。

赞美是一门艺术，如何掌握好赞美的尺度，将赞美说得恰到好处，是一个人能力和修养的体现。赞美的言语应该用在需要赞美的地方，不要过分吹捧或是花言巧语，那会让人觉得言过其实，有溜须拍马之嫌。赞美必须是发自内心的，而且还要有事实依据，这样才能使人感动，否则容易让人误解成是一种阿谀谄媚的肤浅行为，效果往往适得其反。

赞美所陈述的内容必须都是属实的，没有过度的夸张和扭曲；赞美的动机是单纯的、不求回报的，并不想从对方的身上获得什么好处。

不管是哪个年龄阶段的朋友，对赞美的话语都没有免疫能力，有谁能够面对他人的赞美无动于衷呢？哲学家詹姆士曾经说过，"人类本质中最殷切的渴望就是被赞美。"

然而，在现实的生活中，很多人是不愿意讲出赞美的语言的，他们总是有种种的顾虑：缺乏自信的人，担心对方会以为他们的赞美别有用心，为了表明自己的清白而保持缄默；生性自卑的人，吝惜于去赞美他人，他们觉得赞美他人就是在贬低自己。

其实，赞美他人也是肯定自己的一种行为。你由衷地表达对他人的欣赏，是对自己有信心的表现。赞美别人的优点就是在肯定自己的眼光；赞美他人的特色就是肯定自己的气度；赞美他人的表现就是肯定自己的观察。赞美不仅仅是一种付出，你在赞美他人的同时也获得了更多的能量。但是在现实的工作和生活中，很多人都不愿意或者是不知道如何去赞美他人。

　　小张和小王是一个公司的同事，因为性格等方面的问题，两人向来不和，不管对方做什么事情都觉得不顺眼，平日甚至都懒得理睬对方。

　　有一次，因为一点小事他们之间又产生了嫌隙，小张实在忍无可忍，但又不愿当面向小王质问，于是便让他的另外一个同事小李去警告小王说："你去告诉他，是可忍孰不可忍，我实在是受够了他的坏脾气，如果他还不能及时改正的话，那么不但是我，他将会失去所有的朋友！"他的同事小李爽快地答应了他的请求，并答应一定将话带到。

　　两天以后，当小张再次遇到小王的时候，小王果然对自己彬彬有礼非常和气，与之前相比较，简直判若两人，惊得小张下巴差点掉了下来。小张心想，小李到底跟小王说了什么呢？能够让小王有如此大的改变，简直太不可思议了。

　　小张实在忍不住内心的好奇，就去向小李表示感谢，并向小李询问："你到底用了什么办法，如此神奇，能够让小王在这么短的时间内性情大变？简直太神奇了！"

　　小李微笑着答道："其实很简单，我只是跟小王说，很多人都称赞他，尤其是小张，夸他待人善良，做事沉稳，脾气好，人缘佳。仅此而已。"

直到这时小张才恍然明白，为什么自己与小王一直都相处不好，原来他们从来都没有夸奖过对方，一直都只是盯着对方的缺点不放，才使得他们之间的关系搞得那么紧张。

如果他也能像小李那样，懂得运用赞美的力量，也许他们早就成为工作中的好伙伴了！

不但是在工作中，在我们的婚姻生活中，赞美也是不可或缺的一味调剂品。有时一句简单的赞美要比其他昂贵的礼物更能让自己的爱人感到温暖和幸福，他会把对方的赞美当成是世界上最好的奖励。赞美是维系夫妻间感情的纽带，是情感的润滑剂，让你们的婚姻经得起生活中的种种摩擦。

赞美可以让女人变得美丽、男人变得温情，赞美可以融化内心的坚冰，有利于人与人之间的沟通。赞美可以化解彼此之间的矛盾，升华人与人之间的感情。如果你真的爱你身边的人，欣赏你身边的人，那么就勇于表达出来，别吝啬你的赞美。

那么如何才能做到有效的赞美，又不让对方觉得过于唐突呢？

我们应该注意以下几点：一要及时，赞美对方的时候一定要及时，要在对方刚好期待的时候进行，起到雪中送炭的作用；二要中肯，赞美的话要符合被赞美的事情，赞美的语气要中肯，要有鼓励性和启迪性，才更容易被对方接受；三要发自内心，赞美不是跟风，不是看别人说什么自己就说什么，而是要发自内心，真正地佩服对方，或是真心地想鼓励对方时才不得不说的，不然的话会让对方觉得很假，听着不舒服；四要与众不同，如果你想让他人记住你这个人，那么你的赞美就不能与他人重复，人云亦云只会令对方觉得反感，你若想给对方留下好的印象，就要与众不同；五是不要盲目，你在赞美对方之前，一定要对这个人有充分的理解，你要知道为什么赞美他，不能不明情况就胡乱赞美一通，如果说出的话并不符合实际情况，往往会闹出笑话；六要真诚，赞美他人的时候，要面带微笑，温柔地注视对方，语调平和、表情自然，让对方感觉到你的真诚，这样才更容易让对方接受。

爱的练习题

（1）你也是一个喜欢被赞美的人吗？你曾经都听过哪些赞美的语言？

（2）你有没有赞美过身边的人?比如你的亲人或爱人?

谈论对方感兴趣的话题

对自己感兴趣的人使我们感兴趣。

我们每个人都有自己感兴趣的事情、感兴趣的话题。在我们与他人交流的过程中，没有谁会对自己不感兴趣的话题投入过多的热情，但是，如果遇到了自己感兴趣的话题，我们往往会情绪激昂地参与其中。因此，我们在与他人沟通的时候，如果想取得一定的沟通效果，就应该抓住对方的这一心理特质，找准话题，与对方取得思想上的共鸣。

民间俗语说"言逢知己千句少，话不投机半句多。"与他人交流就要投其所好、避其所忌，要把话说到对方的心坎上，才能打开沟通的大门。找准对方感兴趣的话题，是深刻了解对方，并与之愉快相处的重要途径之一。

我们在与他人交流的时候，一定要捉住对方感兴趣的话题，吸引对方的注意力和好奇心，这样不仅可以在短时间内缩短彼此之间的距离，还可以化解心灵上的隔阂，达到交流的目的。

著名科学家伽利略，在青少年时期就立志在科学领域有所作为，但是由于家家境贫寒，他不得不离开了学校。

虽然离开了学校，但是伽利略一直没有放弃对科学的追求，他迫切地希望能够得到父亲的支持与帮助，希望能够说服父亲，让他重新回到校园。

有一天，伽利略对他的父亲说："父亲，我很好奇是什么促成了您与母亲的婚事?

伽利略的父亲非常爱他的母亲，他的这个话题也成功引起了父亲的兴趣。

"我爱上了她!"父亲饶有兴趣地回答。

伽利略又问："那您有没有想过娶其他的女人呢?"

"当然没有!"父亲回答道："家人曾让我娶一位富家小姐，但是我只钟情于你的母亲，我完全被她的风姿迷住了!"

伽利略赞同地点点头说："是的，直到现在母亲依然风韵犹存。您不曾娶过别的女人，因为您爱我的母亲。现在我也遇到了与您同样的问题，我爱上了科学，除此之外，其他任何的职业对我都毫无吸引力。我对科学的爱，就如同对一位妙龄美女的倾慕!"

父亲疑惑地看着伽利略。

伽利略接着说："亲爱的父亲，我不仅喜爱科学，我还有能力成为一位杰出的学者并获得教授的身份，而且我相信以此为生，我将会活得比其他人更好。你为什么不能帮帮我呢?"

父亲面露难色地说："亲爱的儿子，可是我没有供你上学的钱!"

伽利略似乎从父亲的表情上看到了希望，他殷切地说道："父亲，我听说现在的穷学生都可以领取奖学金，而这些钱都是公爵宫廷给的。您在佛罗伦萨有那么多交情不错的朋友，只要您拜托他们，他们一定会尽力帮忙。也许他们只需要去问一问公爵的老师就行了，公爵的老师了解我并知道我的能力！"

父亲完全被伽利略说动了，他喃喃地说："你说得很有道理，这也许真是一个好主意。"

伽利略激动地握住父亲的手说："父亲，您一定要尽力而为，我也一定会成为一个伟大的科学，作为我对你的回报。"

伽利略说服了自己的父亲，最终他也实现了自己的理想，成为一位伟大的科学家，被世人誉为"现代科学之父"。

伽利略先用顾左右而言他的方法，成功引起了父亲的兴趣，他以父母的爱情为话题，逐渐转移话题，提出自己的想法和建议，进而说服了对方。为了让对方更加容易接受，伽利略还指出了这样做的好处，就这样，伽利略最终达到了自己的目的，也为实现自己的理想奠定了基础。

很多有智慧的伟人都善于运用对方感兴趣的话题，来打开深入交流的大门。每一个认识罗斯福总统的人，都对他的渊博知识赞叹不已。著名的传记作家布雷夫曾这样评价罗斯福："不管是牛仔还是骑士，政客还是商人，罗斯福总是知道该和他们谈论什么话题。"罗斯福是如何做到这一点的呢？其实很简单，不管要见什么人，罗斯福总会在前一天晚上去研究对方感兴趣的事物相关的资料。因为罗斯福知道，只有找到对方感兴趣的话题，与对方产生思想上的共鸣，才是打动对方的最佳方式。

古罗马一位著名诗人曾说过："当我们对他人感兴趣的时候，也恰好是他们对我们感兴趣的时候"。如果我们想成为受人欢迎的沟通高手的话，那么我们就应该和对方谈论他们感兴趣的话题，而不是自顾自地谈论自己感兴趣的话题。因为当我们谈论对方感兴趣的话题时，会让对方认为谈话者双方的观点和兴趣是一致的，进而，对方还会将我们当成志同道合的朋友，拉近彼此之间的距离，让彼此的关系变得更加亲密。

美国纽约市中心有一家豪华的大酒店，这里陈设考究、菜肴美味，每天都宾客盈门。杜维诺先生一直都想将自己生产的面包推销给这家酒店，在很长的一段时间里，杜维诺先生几乎每个星期都会去拜访这家酒店的经理，并向对方做出价格优惠、上门服务、保证质量、保证供应等各种承诺，但是酒店的经理就是不同意引进他的面包。

后来杜维诺先生决定改变战术。他回去研究了人际交流的相关知识之后，发现那位酒店经理之所以不愿意购买他的面包，很大一部分原因是他并不了解对方的兴趣，完全找不到彼此之间的共同话题。

通过了解，杜维诺发现酒店经理是"美国饭店协会"的主席，而且，他非常热衷于饭店协会的活动，不管他平时有多忙，只要该协会有活动，他都会不辞劳苦地参加。杜维诺认为酒店经理一定是对饭店协会的活动有着深厚的兴趣，于是他决定从酒店经理的这个兴趣入手，来达到推销自己面包的目的。

一天早晨，酒店经理刚步入酒店的大厅，就被守候在那里的杜维诺叫住了："经理先生，你好！我想耽误你几分钟的时间……"

杜维诺的话还没有说完，便被酒店经理打断了："不好意思，杜维诺先生，关于面包的采购问题我们已经谈论过很多了。现在我们酒店有着非常良好的供应商，我们的合作非常愉快，暂时并没有更换的打算！"经理刚说完就准备离去。

杜维诺赶紧解释说："不，经理先生，我想你是误会了，我今天并不是要与你谈论面包的问题，而是想向您请教饭店协会的一些事情！"

一听到"饭店协会"，酒店经理立刻提起了兴趣，他笑着对杜维诺说："真想不到，杜维诺先生对饭店协会也有兴趣！"

就这样，杜维诺成功地引起了酒店经理的兴趣，他们在经理办公室愉快地交谈了半个多小时。在谈话的过程中，酒店经理一改以往的冷漠态度，热情洋溢地与杜维诺亲切地交谈着，就像相交多年的密友。

在整个谈话过程中，杜维诺只字未提面包的问题，他一直谈论着酒店协会相关的事宜：从协会的宗旨、活动，到协会在行业内所起到的作用和贡献，以及协会未来的发展，说得是头头是道，看来杜维诺确实做了一番功课。

不久以后，杜维诺就接到了这家酒店打来的电话，让他带着面包的货样和报价单，去酒店谈论有关面包供应的事宜。最终，杜维诺因为找到了对方的兴趣，获得了很久都未拿下的订单。

在我们试图说服对方，或者对对方有所求的时候，不妨先从对方的兴趣和意愿入手，就像上文中的杜维诺那样，先引起对方的兴趣，谈论对方感兴趣的话题，不要太早暴露自己的意图。当对方开始一步步赞同你的想法的时候，便会不自觉地认同你的观点。如此便可水到渠成，很容易就能达成自己的目的。

多谈论对方感兴趣的话题，会让对方非常乐意与我们交流，这是实现我们与对方深入沟通，建立一见如故式的情感非常重要的一种方式，也是达成自己目的的一种很有效的方法。

在实际的交流中，我们该如何谈论对方感兴趣的话题呢？

首先，要找出对方感兴趣的事物。在建立良好的人际关系过程中，双方兴趣一致是非常重要的，只要双方喜欢的事物相同，彼此之间的感情就很容易升温，随之，其他的事情也就更愿意合作了，因此，找到对方感兴趣的事情就变得相当重要了。每个人的兴趣各不相同，要找出对方有感兴趣的事物，并没有那么容易，这时如果可能的话，我们应该尽量找出对方最感兴趣的事物，然后再从这方面去接近对方，让对方对你产生兴趣。

其次，要对对方感兴趣的事物进行研究，以获取相关的知识。若让对方相信你对某件事物和他有着相同的兴趣，你就必须对此事物有相当的了解，具备此事物的相关知识，来证明你对此事物是有一些研究的。你越是想要接近对方，就应该越努力地对他感兴趣的事物进行了解，这样你才能更加自如地应对他，使他乐意配合你，达成你所期望的目标。

最后，若想和对方的特殊兴趣建立起一种特殊的关系，就要将你的兴趣毫无隐藏地表现出来。如果你仅仅是口头上说一句你也对此感兴趣是远远不够的，在与对方深入的交谈中，你若表现得比较淡泊，往往会让对方意犹未尽。这时，我们应该用自己的热情来点燃对方说话的欲望，只要你的内心充满热情热诚，那么对方将会非常乐于回答你的问题，或者为你提供帮助。

爱的练习题

（1）你和你的好朋友兴趣一致吗？如果是，你觉得你们成为好友的原因是否与兴趣一致有关？

（2）在与人交谈时，如果对方谈论的是你完全不感兴趣的话题，你会怎样？

平时多问候，关系走得近

所有的沟通都不难，只要你能够突破自我，积极主动地去打招呼，你所得到的必将是你意想不到的。

日常生活中，每当我们走出家门总是会遇到一些熟悉的人，这时，很多人都会犹豫要不要主动上前打招呼呢？心想"如果我热情地和他打招呼，他却不理我,那该多尴尬啊"，又或想"我和他也不是特别熟，没什么好聊的。"往往就在我们犹豫之间，错过了打招呼的机会；又或是装作没看见，故意改变路线，不打招呼就溜走了。

主动问候是人类联络感情的一种重要方式，也是与人沟通、增进关系的重要纽带。因此，我们绝对不要忽视和轻视问候的作用。如果我们认识对方，哪怕仅有一面之缘，也要主动上前打招呼。因为主动问候他人，热衷于与对方交流，不仅可以促进你与对方之间的感情，还能扩展你的人脉，给你的人生带来新的机遇。

20世纪30年代，德国有一位犹太传教士名叫西蒙·史裴拉。西蒙有一个习惯就是，每个清晨都回到周边的乡村小道散步，每当有人经过他的身旁时，不管是谁，他都会热情地向对方打招呼。

在西蒙每天都会打招呼的人中，有一个叫米勒的农夫。西蒙刚开始向他打招呼的时候，米勒总会不以为然地转过身去，表情相当冷淡，甚至还有些不屑。当时的德国犹太人和当地居民的关系并不是很好，身为当地人的米勒认为他绝对不可能，会和身为犹太人的西蒙成为朋友。米勒认为西蒙的问候完全是多余的。虽然米勒的态度非常不友好，但是这并未打消西蒙的积极性，西蒙还是每天都热情地和米勒打招呼。

就这样时间一天天过去了，西蒙始终坚持每天都向米勒打招呼，直到有一天当西蒙像以往一样向米勒打招呼的时候，米勒突然举起了帽子，向西蒙示意了一下，脸上还露出了一丝微笑。这样的习惯一直持续了好几年，直到纳碎党上台为止。

纳碎党上台之后，便开始大规模地搜捕犹太人，西蒙也未能幸免，他和村中所有的犹太人都被集中起来，准备送往集中营。这时的米勒已经成了纳碎党的一名军官。

这天，西蒙一行人被押送到位于慕尼黑的集中营，当他从火车上下来时，恰巧遇到了身为营区指挥官的米勒。就在他们四目相对时，西蒙像以前一样对米勒说："你好啊，米勒先生。"米勒听到了西蒙的问候时，显然有些惊愕，嘴角抽动了几下，很快便恢复了平静，轻声回道："你好，西蒙先生。"

在接下来的时间里，米勒尽其所能地照顾着西蒙，后来在一个恰当的时机，偷偷将西蒙放走了。

虽然只是一句不经意的问候，但是却在严峻的环境下挽救了西蒙的生命，我想这样的结果就连西蒙本人都不曾预料到。对西蒙而言，那只不过是长久以来的一种习惯，但就是这么一个简单的习惯却感化了米勒。当我们能够不吝啬自己的赞美，坚持与身边的人打招呼的时候，你就会发现你的生活真的发生了非常大的变化。很多时候，仅仅是一个善意的微笑，一句简单的问候，就能让我们收获一份意外的惊喜。

有位著名的心理学家通过实验证明：如果将一些人组成一个小组在一起讨论，那么首先发言的那个人，通常会自然而然地成为那个小组的领导者。

这种现象在我们的生活中非常普遍，对我们每个人来说都不难理解。一般善于打招呼和善于寒暄的人都很容易受到他人的青睐。每当你微笑着向对方说"你好"的时候，对方往往会因为你友善的问候而变得心情愉悦。同样的，如果对方主动地向我们打招呼，我们也会有一种被重视、受尊重的自我满足感，我们会因为得到对方的认可而变得非常开心。在这种情况下，一切都会变得简单很多。

小A和小B都是刚刚毕业的年轻人，又同时进了同一家公司。

小A性格比较开朗，每次不管遇到领导还是同事，甚至是清洁工，小A都会热情地和对方打招呼。因此给大家留下了热情、自信的良好形象。

小B比较内向，害怕与人交流，见到了领导就躲着走，遇到同事就装作没看见。因此就给领导和同事们留下了不懂礼貌、不合群的不良印象。

一年以后，小A和大家的关系都相处得很好，又得到了领导的赏识，很快升任了部门经理；而小B却因为自己不善于主动问候，与大家相处得很不愉快，依然是一名普通的员工。

原本起点相同的两个人，职场命运出现如此大的差异也是情理之中的事情。

你不主动问候他人，对他人而言并没有什么损失，你不与他们打招呼，还有很多人会和他们打招呼，多你一声问候不多，少你一声问候不少。但是对你而言，影响就大了，就像小B一样，既得不到领导的认可和赏识，也无法拉进与同事之间的关系，在这种情况下，你怎么可能会得到提升？

主动问候他人，不仅可以令对方心情愉悦，还可以为自己创造良好的人际关系。

我们在问候他人的时候，应该双目注视对方，面带微笑、语调温和，且充满诚意；不能心不在焉地敷衍了事；也不能粗声大气、面无表情或者嬉皮笑脸，否则不仅达不到问候的效果，还可能会让对方感到不悦甚至反感。

愉快地向对方打招呼，是提升生活乐趣的一种礼仪形式。主动问候已经成为人际关系中非常重要的一个环节。在日常生活中，问候他人时通常有以下几种方式：

问候要主动。在日常的人际交往中，应该积极主动地表示自己真诚、友好的问候。通常情况下，晚辈应该主动向长辈问候，男士应该主动向女士问候，下级应该主动向上级问候。主动问候他人，是对他人尊重的一种表现，即使你面对的是比你年轻、地位比你低的人，你若能够主动与其打招呼，对对方也将是一种鼓励、会促进你们之间的感情。

问候要互相。当有人主动向你打招呼的时候，你也应该及时、热情地回敬对方的问候。你可以热情地注视对方，并对对方的问候表示感谢。如果对方主动问候你，你没有及时给予回复，会给对方一种冷漠、不近人情的感觉，同时还会让对方感到挫败，不利于你们日后的交往。

问候要周到。我们在向他人问候的时候，不应该只对领导、上级等有身份的人问候，也要顾及一下其他人的感受，说不定哪天这些其他人中，就会有一个人和你发生某种联系。也不要只和你熟悉的人打招呼，当你遇到一群人的时候，你只熟悉其中个别人，这种情况下，你与熟悉的人打招呼的时候，目光也应该顾及到其余的人，以此来展现自己的素养，同时表现出对陌生人的尊重，也是对你熟悉的人的一种尊重。

问候要恰当。我们在问候他人的时候，不要触及对方的隐私，也不要涉及会让对方不愉快的话题，要避免使对方感到尴尬。比如，我们在向西方人问候的时候要做到"七不问"，即年龄不问、婚姻不问、收入不问、住址不问、工作不问、经历不问、信仰不问，否则，会被对方认为是有意窥探他人的隐私。问候的时候，还要注意保持彼此之间的距离，且不应高声喊叫，否则会被对方视为失礼，特别是在公共场合是非常不符合礼仪的。

爱的练习题

（1）当你遇到熟悉的人，是会主动打招呼，还是会视而不见呢？

（2）你身边有没有那种不爱和人打招呼的人，如果有，你和他的关系如何？为什么？

05

说清楚，别往感受里掺杂质

当你遭遇别人的"恶语"

真正骄傲的人心目中没有胜过他的人，也没有不如他的人。前者他不承认，后者他不屑一顾。

前段时间，一位年轻男演员的意外离世，立即成为人们关注的焦点。刚看到这则新闻的时候，我相信大家都和我一样，都在质疑新闻的真实性。在大众眼中，这位年轻的演员一向乐观开朗，一直积极地工作、生活。但是遇上外界种种对他不实的报道和中伤的话语之后，他患上了抑郁症，草草地结束了年轻的生命。大家都在关注抑郁症的时候，我觉得有些东西更应该引起大家的注意，那就是语言暴力。

他的经纪公司在事后曾发表过声明：外界发出的不实报道和恶意的言语中伤，使他被误解，种种被猜疑的声音给他造成无形巨大的压力导致病情加重，黑暗和绝望曾一度伴随着他。

声明直接指出是不实的报道让他患上了抑郁症，最终走上了自杀这条不归路。谣言和语言暴力显然成了伤害他的幕后黑手。正所谓人言可畏，虽然语言看不见摸不着，但它却能成为杀人的利器。很多网友利用网络的便利隐藏自己，毫无根据地随意辱骂、黑这些明星们，用各种不实的语言恶意地攻击、炮轰他人，有些人熬了过来，而有些人却以结束自己的生命来终结这种恶行。我虽然不是某些明星的粉丝，但也深深为之感到惋惜与不值！

日常生活中，我们常常会遭到他人的批评、诋毁和冷嘲热讽。有些人总是自恃过高，毫无顾忌地指责批评他人，甚至于羞辱、恶意攻击他人，并且以此为乐、得意洋洋。像这样的人他能得到什么呢？除了一时的快感，人际关系的恶化和自取其辱外，什么都得不到。而且被羞辱的人还有可能会奋起反击，使自己惹祸上身。

其实当你遇到别人的"恶语"时，不必去理会。要学会让那些伤人的话左耳进右耳出。设想，如果一个人送你一件礼物，而你却没有收，那么这件礼物是属于谁呢？当然还是属于那个送你礼物的人。他人对你恶语相向，你根本没必要理会，完全是说给他自己听的，与你有何干系啊！你不去理会说那些话的人，那么他就是自说自话、自讨没趣，久而久之，他自然就会闭嘴了。

相传宋代大文豪苏东坡被贬黄州时，结识了金山寺的禅师佛印。两人情投意合、一见如故，很快成了无话不谈的好朋友。

有一日，苏东坡与佛印像往常一样在一起畅谈佛学。

突然苏东坡饶有兴致地问佛印："以大师的慧眼看来，吾乃何物？"

佛印回答道："在贫僧的眼中，学士乃我佛如来金身！"

苏东坡听到自己的朋友将自己说成是佛，自然非常高兴。

这时，佛印反问道："以学士的慧眼看来，贫僧乃何物？"

苏东坡见佛印发福的身材，便想打趣他一番，于是戏谑道："然以吾观之，大师乃牛屎一堆！"

佛印听到苏东坡说自己是"牛屎一堆"并未动怒，只是点点头意味深长地向苏东坡笑了笑。

苏东坡觉得自己的答案更胜一筹，认为自己又打赢了一场口水战，为此沾沾自喜。

回到家以后，便很开心地将事情的经过向苏小妹陈述了一番。

苏小妹听完哥哥的陈述抿嘴一笑，然后义正言辞地对哥哥说："佛由心生，心中有佛，所见万物皆是佛；心中有牛屎，所见万物皆化为牛屎。哥哥你输了！大师是心中有佛，故所见皆是佛；而哥哥你心中有牛屎，故所见皆牛屎。大师心净，哥哥心秽也！"

苏东坡听妹妹这么一说，果然十分有道理，顿时感到万分惭愧。

面对苏东坡的诋毁，看似没有还击的佛印却更胜一筹，吃亏的反倒是诋毁佛印的苏东坡。相由心生，境随心观，若无其事其实才是更大的还击。

我们常常因为他人的评论而陷入深深的痛苦之中，其实大可不必。每个人都有自己独特的生活方式，没有必要因为别人的不理解而感到痛苦、遗憾。当然，我们也不要随意地诋毁他人，恶语伤害的除了他人，还有自己。它会让你失去他人的喜爱和关怀，影响你与他人之间正常的情感交流，可谓损人不利己！

常言道："良言一句三冬暖，恶语伤人六月寒。"虽然大家都知道恶语伤人的坏处，但是生活中这样的例子却屡见不鲜。

当26岁的A被公司的老板任命为执行总监的时候，公司就开始流言四起。公司的管理层都觉得他资质太浅，能力不够；员工们背地里都说他是通过不正当关系上位，将他讲得相当不堪。

A顶着舆论的压力就职了。面对周围人那些如山崩落石般打在他头上的恶评，他十分痛苦。

一天A的父亲知道了这件事，便对A说："儿子，我知道你现在非常苦恼，但是我想让你记住的是，没有人会愿意去踢一条死狗！"

A听了父亲的一番言论，顿时明白了很多。从此，他再也没有理会那些恶意言论，全身心都投入到了公司的管理工作上。后来公司在他的管理之下业绩蒸蒸日上。

在我们的生活中，遇到某些人的"恶语"是不可避免的，我们虽然不能避免这种攻击和诋毁，但是我们却可以避免它对我们造成的干扰和伤害。那么，我们如何才能避免这种恶语对自己的伤害呢？

首先，当对方批评你的时候，你要冷静下来，好好想想自己是否真的有什么地方做的不对，如果你真的做错了，那么你就要记住这个错误，从中吸取教训，以后再遇到类似的事情就可以避免错误的发生。

其次，你心中必须清楚，每个人都有犯错误的时候，别人对你的评价并不一定就是真实的，也许是一个错误的评价。你没必要为别人的错误买单。

再次，有些人总会对自己在乎的人恶语相对，就是因为他对你足够的重视，才会有恨铁不成钢的愤恨，如果他不重视你，他就会对你熟视无睹，根本没有闲工夫来管你。

最后，就算对方是恶意对你进行人身攻击，你也无须动怒，因为你的行为与品质并不是由他说了算，根本不必因为他人的说三道四而烦恼，他想说就让他去说好了，那只是他一相情愿而已，于你并无妨碍。恶意攻击他人最终导致的结果只能是攻击者自身失去他人的尊重。

爱的练习题

（1）面对他人恶意的言语攻击，你会选择反击还是沉默？

（2）你身边有没有这种没口德的人？你和他的关系怎样？

揪出躲在批评背后的期待

人们在批评的筛子里寻找一切奥秘。

在我们的人生道路上，你一定会遇到过这种激励式的批评：小时候常常不满爸妈的批评管教，长大以后才明白爸妈对自己完全是出于一片苦心；上学时老师的批评，工作后领导的指责，其实传达的都是一份期待，他们期待你能够尽自己最大的努力达到他们的要求，能够尽快改掉你身上的缺点与不足，去完善你自己。

　　所谓"爱之深，责之切"，我们不应该害怕别人的批评指正。在成长的路上，有了亲人、朋友们的批评，我们才能少走弯路、健康成长。给我们批评指正的人都是真心为我们好的人。这种善意的批评充满了爱和帮助，充满了苦心和期待，它能够让我们更加清楚地看清自己。我们要以感恩的心态、谦虚的态度对待别人的批评，把批评当成一种关爱、一剂良药。

　　有一天，墨子因为一点小事批评了他的弟子耕柱子。耕柱子非常难过，他觉得自己非常委屈，于是抱怨说："明明我犯的错误是最少的，为何你总是如此严厉地批评我呢？"

　　墨子听到耕柱子的抱怨，便向耕柱子问道："如果是你驾驶一匹马和一头山羊上山，你是会用鞭子抽马还是抽山羊呢？"

　　耕柱子想也不想，立刻回答道："我当然是会抽马了！"

　　墨子接着问："你为什么要抽马而不是抽山羊呢？"

　　耕柱子回答道："马儿力气大，跑得又快！抽山羊，抽了也白抽，跑不动啊！"

　　墨子最后语重心长地说道："我之所以如此严格要求你，是因为我视你为马而不是为山羊，你值得我的批评！"

　　墨子觉得耕柱子是一匹可以驰骋于广袤原野的"烈马"，所以才愿意去鞭策耕柱子。有时候他人对你的批评是源于对你的期待，所以受到他人的批评，你不应觉得委屈，去抱怨他人。你应该感激愿意指责你的人，因为他们看到了你身上的不足，他们批评你是源于对你的关心，对你的爱！因此，我们对待他人的批评应该虚心接受，有则改之，无则加勉。

所谓"忠言逆耳"，忠言往往都是逆耳的语言，不中听，但是却最有价值，忠言逆耳是他人对自己的劝解，它能使人反省自己言行上的缺点，督促自己保持良好的品行，激励自己奋发向上，从而杜绝一味沉湎在自我陶醉中。就如：唐太宗李世民执政时期，谏臣魏征多次直谏，拂唐太宗之意，但是唐太宗却能容忍魏征的"以下犯上"，虚心采纳魏征的正确建议。正因为唐太宗能正确对待他人的批评，所以他才成了历史上的一代明君，开创了"贞观之治"。魏征病死之时，唐太宗非常难过，他伤心地说道："以铜为镜，可以正衣冠；以史为镜，可以知兴替；以人为镜，可以知得失！魏征一死，我就少了一面好镜子。"

"人非圣贤，孰能无过"。就算是圣贤也有犯错的时候，更何况我们都是凡人呢！我们都有自己的局限性，都有盲点，都会失误、犯错、出纰漏。因此，如何正确地对待批评，对我们每一个人的成长和进步都非常重要。当错误已经成为事实，当批评已经降临到你的身上，我们一定要正视批评，虚心听取他人的意见，正确认识自己的错误并坚决克服自己身上的缺点，彻底改正不足。把他人的批评当成是进步的动力，成长的阶梯！

富兰克林曾说过："批评者是我们的益友，因为他指出了我们的缺点。"我们应该将批评当成益友来接纳，那么我们的朋友就会遍布天下；将批评当成动力来接受，那么我们就会取得长足的进步；将批评当成建议来对待，那么我们的事业就会节节攀升。

他人诚恳的批评、正确的建议对我们是有益无害的，我们要勇于接受。即使是严厉的批评，也应该虚心接受。如果你连别人诚恳的建议都不肯接受，谁还愿意与你交流，你怎么可能交到真正的朋友？就连陈毅都说过："难得是诤友，当面敢批评。"真正对你好的人，就是敢于指正你错误的人。

在现实生活中，我们应该如何面对这些善意的批评呢？

首先，我们应该保持良好的心态。世界上没有十全十美的人，每个人都有自己的缺点，都会偶尔犯点小错误，不可避免地要去面对他人的批评。受到他人的批评后不要垂头丧气、自暴自弃，我们本来就是在批评中成长起来的，要摆正自己的心态。更不应对他人的批评耿耿于怀，产生敌对的心理，甚至企图报复。我们应该冷静、大度地用其他健康的方式来宣泄自己内心的抑郁，寻求心理平衡。

其次，对于正确的批评，我们应该欢迎而非抵触。在日常的工作和生活中，关心和重视我们的人往往会成为批评我们的人。比如，父母批评孩子，老师批评学生，领导批评下属。他们的批评不是要诋毁你们，而是因为他们对你抱有希望，他们希望你变得更好。对于这种爱的批评，你怎能不欣然接受。

最后，提升自身的素质，学会接受批评。在学习过程中，不但要注重文化知识的学习，还要促进自身素质的提高，以便于正确地对待批评。在接受对方的批评后，我们不但要诚恳，还要分析受到批评的原因，积极地改正。同时还要正确地评价自己、吸取教训，严于律己、完善自己。对于那些错误的批评也能理智对待、冷静解释，不发怒、不报复。

西方有这么一句谚语："恭维是盖着鲜花的深渊，批评是防止你跌倒的拐杖。"18世纪，德国著名地理学家李特尔在受到年轻评论者弗勒贝尔批评的时候，不但没有利用自己的身份打击报复这位鲁莽的批评者，还将他的批评文章推荐给一个著名的学术刊物，并且为他安排了工作。李特尔这样令人尊敬的学术界权威人士，都能如此对待一位毫不客气批评他的后辈，是否让我们这些害怕甚至敌视批评的人觉得汗颜呢？李特尔不但没有敌视批评自己的人，还主动积极地与批评自己的人交往，他不但得到了世人的尊重，还交到了不错的朋友。听惯了谀辞的人常常会狂妄自大、自以为是，而那些虚心接受批评的人，才能改正自己的缺点，使自己得到提升。因此，虚心接受他人的批评是相当必要的。

批评饱含着对你的期待，期望你能够变得更好，是对你的关爱！如果你能理解这种期待与爱，那你的人生一定会更加顺利，前程似锦！

爱的练习题

（1）你有受过身边人的批评吗？被批评的时候你是怎样的心情？

（2）如果你爱的人犯了错误，你会以批评的方式劝诫他吗？

你的需要就是最真实的感受

一个人如果遵从自己的内心去生活，他要么成为一个伟人，要么成为一个疯子。

乔布斯在斯坦福大学毕业典礼的演讲中曾说过："你们的时间有限，不要将时间浪费在他人的身上，为他人而活。不要被教条所束缚，不要被他人的思想所左右。最重要的是，要遵从自己内心真实的感受，只有自己真实的感受才是自己真正的需要。其他的一切都是次要的。"

在现实生活中，很多人都不会说出自己内心真实渴望的东西。当我们在表达自己的感受之前，总是担心不会被对方认同或接受，从而使自己的形象大打折扣。其实，我们没必要在表达出自己真实的感受之前，就将内心封闭起来。没有表达出来，你怎么知道对方不会认同和接受你的意见呢？表达了，起码还有50%被接受的希望，但是不表达，就完全失去了这个机会。因此，不要再因为恐惧不被对方认同、接受，或者其他什么原因，而放弃表达自己真实的感受。

生活中，我们常常会听到"由衷而发"。也就是说，人说话要遵从自己内心的想法，不要违背自己真实的感受。只有如此，才能找到属于自己的位置，证明自己存在的价值，并最终获得属于自己的幸福。反之，我们将会背离人与人之间交流的本质，让自己养成防范之心，无法真心与人交往，导致人际关系的恶化。最重要的是，它还会让我们迷失自我，让我们无法做自己内心真正的主人。这就相当于将自己的身体交给了其他灵魂来支配，这是多么可怕又可悲的事情啊！

　　我的一个朋友A，突然给我打来电话，在电话中她很无奈地对我说，她现在没有住的地方，想到我这借宿几天，问问方不方便？

　　我记得她上个星期刚刚交过房租，现在没地儿住，肯定是又被B给"欺负"了。A和B是同事，一起在公司附近租了个两居室，一人一间。

　　果然不出我所料，A说B的父母又来了，而且也不知道要在A那住几天。因为只有两张床，A只能让将自己的房间让出来。A现在非常苦恼，虽然心里十万个不情愿，却拉不下脸来拒绝B的请求。

A这个人我非常了解，就是那种打碎了牙齿和血吞的主儿。从来都不愿意将自己内心的真实感受表达出来，什么痛苦都自己咽，也不爱向他人倾诉，遇事总是忍让，所以委屈的永远都是她自己。

对于A这样的软柿子，B不捏她捏谁？

我真的有点生气了，气的是A太懦了，便质问她，能不能勇敢地将自己的内心感受说出来？A觉得自己非常委屈，对我倾诉说，她也是没办法，B已经向她表示过歉意了，而且两位老人都已经来了，也不好将人家往外推，而且，她也做不了他人的主，根本就阻止不了对方。

听她如此的说辞，我更加气愤了，便反问她，做不了别人的主，也做不了自己的主吗？在意他人感受的时候，能不能先遵从自己内心的感受？为了他人把自己搞得如此被动，值得吗？

A听了我的建议，现在更加纠结了，她根本不知道是该继续迁就对方，还是遵从自己内心的想法，表达出真实的感受。

现实生活中，像A这样的人不在少数。一再地迁就别人，换来的却是对方的得寸进尺。这是一个非常值得我们深思的问题。如果为了成全一个人或者一件事，而忽略了自己内心真实的感受，真的有必要吗？每当我们面对某件事情的时候，通常会出现两种声音：一种是来自头脑的声音，它会告诉你，要理智、要慎重；另一种是来自内心的声音，它会告诉你，你真正需要的是什么。因此，在面对某件事情的时候，请遵从自己内心的指引。

严复曾说过："最重要的，是拥有跟随内心与直觉的勇气，要知道你真正想成为什么样的人。"

遵从自己内心真实的感受是一种崇高的信仰，一种积极的生活态度，一种向上的动力。只有懂得遵从自己内心真实感受的人，才有可能掌握自己的命运。

无论做什么事，首先应该遵从自己内心的真实感受，做到由衷而发、有的放矢。面对某个人或某件事，不是去适应，不是去迎合，不是去追逐，要去寻找真实的自我。但是，只要你不断地自我发现，倾听自己内心的呼唤，就一定可以知道自己想成为一个什么样的人。

爱的练习题

（1）你是一个会被他人的想法所左右的人吗？

（2）如果他人不顾你的感受，做了一些伤害你的事情，你会反抗吗？如果会，你将采取什么样的方法？

沟通时，切勿唠叨

很多时候，并不是我们说的越多越好。恰时恰当地告别往往会为我们赢得一个好名声，也会为我们的沟通画上完美的句号。

日本人曾针对婚姻不幸福的因素进行过调查，结果发现，造成这种不幸的因素中，位列前三名的依次是：唠叨不休、性格不合、不会持家；美国的一位心理学家，也对一千多对夫妇进行了详细的调查研究，其结果显示，丈夫们都将唠叨和挑剔列为自己太太最大的缺点。

由此可见，不论是在东方还是在西方，唠叨已经成了阻碍夫妻之间正常交流的最主要因素。在我们的生活中，应该每个人都曾被身边的人唠叨过，除了上文中的妻子，还有我们的父母、朋友，或是同事。他们不光唠叨，还为唠叨穿上了神圣的外衣，他们觉得那是对你的爱，是一种关心与督促。用他们的话来说："全是为你好啊！"但是唠叨真的可以让对方好吗？实则不然，唠叨不仅不会让对方变好，还会给对方造成很大的负担：轻则，会给对方造成精神上的压力；重则，直接导致双方关系的破裂。

秦先生就曾饱受妻子的唠叨。那时他非常郁闷，经常会向自己的朋友倾诉，妻子总是无休止地唠叨他所做过的每一件事情，他整个人差点都被自己的妻子给毁了。

刚开始的时候，秦先生是一家公司的销售人员，他很热爱自己的工作，每天都很努力工作，热心地向客户介绍产品。虽然他每天工作都非常辛苦，但是晚上下班后，不仅得不到妻子的鼓励，还要被妻子奚落一番："哦，我的英雄回来啦！工作很顺利吧，一定赚了不少的钱吧！"见秦先生沉默不语，妻子便接着说："看样子带回来的并不是钱，而是领导的责骂吧！我要提醒你的是，我们下周可就要交房租了！"

如此的唠叨秦先生忍受好几年，实在受不了，最终选择和自己的妻子离婚了。离婚以后，秦先生又娶了一位年轻漂亮，能够关心和支持他的女孩做妻子，而这些是他第一任妻子所不能给他的。秦先生经过自己不懈的努力，现在已经是一家著名企业的执行总裁了。

　　而他的第一任妻子，直到现在都不清楚为什么会失去自己的丈夫，他还一直对她身边的朋友不停地抱怨："我跟着他省吃俭用这么多年，为他做牛做马吃了那么多年的苦。结果呢，当他不再需要我的时候，一脚将我踢开，去找了一个年轻漂亮的女人。"

即使身边有人告诉秦先生的第一任妻子，丈夫离开她是因为她自己太唠叨了，想必她也不会相信。但是这的确是秦先生离开她的真正原因。她以一种轻视的方式来唠叨自己的丈夫，对她丈夫来说无疑是一种长期的心理折磨，对男性的自尊是一种沉重的打击。

不仅仅是在婚姻生活中，在日常的人际交往中，唠叨也往往令人感到厌烦。大家应该都有这样的经历：当一个人没完没了地对你重复一些你不感兴趣的话题时，你会觉得时间过得非常慢，感到非常厌烦。当然，这跟时间没有直接的关系，而是我们的心情发生了变化。无休止的唠叨会令对方失去倾听的兴趣，更别提真心与你交流了。

唠叨就是有这样的能力，它会让人的心情瞬间变坏，直接阻碍我们与他人之间的正常交流。因此，在与他人交流时切勿唠叨，我们应该掌握好说话的时机和节奏，在恰当的时候及时地结束谈话，这样既不会浪费彼此的时间，还能给对方留下良好的印象。如果我们自顾自无休止地唠叨下去，最终结果极有可能会让对方对你失去耐心。

　　吉米原本是一个内向寡言的人，因此，每次参加朋友聚会的时候他总是很难与大家聊到一起去，这给他的人际交往造成了很大的阻碍。于是，他参加了一个语言训练班。

通过一段时间的学习，吉米在语言方面取得了很大的进步，老师觉得他已经可以出师了。但是，这个星期吉米突然又来上培训课了，这让老师感到非常的疑惑。

下课以后，老师找到了吉米，开门见山地问他："你还有什么没有解决的问题吗？"

吉米回答道："我在这里学会了很多东西，令我受益匪浅，我自己也觉得学得挺好的。但不知为什么，现在参加朋友的聚会时，我好像还没有之前受大家的欢迎了。这让我感到很困惑，我想了很久也没有想明白。但是，我知道一定是某个环节出现了问题，只是我自己不知道而已。"

"能举个例子吗？"老师问道。

吉米接着说："我现在已经克服了以前那种不愿意主动讲话的毛病了。每次到朋友的家里，当大家的谈话快要冷场的时候，我总是能迅速地找到话题。有一次，我从每个人的不同性格，谈到了各地的风土人情，再谈到了体育赛事，最后还聊到了当前的政治局势。就这样，我们一直聊了三四个小时。"

听到这里，老师已经知道吉米不受欢迎的原因了，很显然是吉米太过健谈了，他一直无休止地唠叨个没完，使听他说话的人失去了耐心。

于是，老师打断了吉米的话，叫他明天继续过来上课，看看别人都是如何交流的。

第二天吉米准时来到了培训班。在课堂上，老师一直都没

有理会吉米，只顾着和其他的学员交流。直到下课以后，吉米
实在憋不住了，他走过来问老师："你现在可以告诉我，我存
在的问题了吗？"

"你的语言很有魅力，且富有艺术性，你本来能够很容易
赢得他人的喜爱。但是，你却不懂得适时地结束交谈！"老师
回答道。

吉米愣了一下，似乎没有听懂老师的意思。

老师接着说："你有没有注意到其他学员是如何和我结束
交谈的？不知道如何结束交谈就是你的弱点。你没有把握好交
谈的时间！"

之后，老师便向吉米讲述了把握交谈时间的好处。

吉米认真地听取了老师的谈话，不时地点头。

过了一段时间，吉米给老师打来了电话，他告诉老师，他
现在非常受欢迎，很多朋友都邀请他参加聚会。

聪明的人一般都不会无休止地唠叨，他们懂得适时地结束交谈。
因为人与人交流，都带有一定的目的性，当我们将自己的目的表达清楚
了，也得到了对方的认可时，就应该在合适的时机结束交谈，如此既不
会浪费大家的时间，还能够给对方留下一个深刻的印象。如果你一直喋
喋不休，实质上是对他人的不尊重，也是一种不礼貌的行为。

现在的社会是一个讲究效率的社会，我们在与人交流的时候，切勿
将一件事情反反复复地说个不停，要学会控制好交谈的时间。那么，我
们怎样才能控制好时间，避免唠叨呢？

第一，要先想清楚你要表达什么。当我们与他人交流的时候，要清

楚自己想要告诉对方什么，如果我们连自己要表达什么都不清楚，那我们肯定无法简洁、明确地表达出来，势必会反复地说个不停，给人一种唠叨的感觉。

第二，在交流之前提前做一些准备工作。可以提前先做好准备功课，将我们在交流时可能会遇到的问题尽量提前考虑到，并提前找出解决方案。即使我们想要了解某些问题，也要提前准备好，做到有的放矢，以便提高交流的效率。

第三，在遇到提问或回答问题的时候，说话要严谨，不要为了应付对方，草率作答。对于自己不懂的、不会的问题，要坦诚地告诉对方，不要不懂装懂。自己没有想好的问题，也不要随便乱讲。以免让对方误解，还要花更多的时间去解释。

第四，在回答对方问题的时候，对方问什么就回答什么，并且要先说出结果，如果时间充裕，对方又有听的兴趣，你可以详细阐述得出这个结果的原因以及证明的过程。详细阐述的时候也一定要有条有理、主次分明。

懂得适时地结束交谈，既是我们个人修养的体现，也是保证我们能够与人顺利沟通的条件之一。切勿唠叨，一个喋喋不休的人是不会受到大家欢迎的。

爱的练习题

（1）当对方无休止地唠叨时，你通常会做出什么反应？举例说明。

（2）你是一个唠叨的人吗？如果是，请问有没有给你造成什么不好的影响？

过滤想法，准确表达自己的感受

语言，不仅是交流的需要，同时还是一门艺术。

古今中外，很多功底深厚的语言大师都给我们留下了深刻的印象。如古希腊的德摩斯梯尼；春秋战国时期的苏秦、张仪；家喻户晓的诸葛亮；近代的孙中山、周恩来等。他们将语言运用得炉火纯青，甚至可以用它来为国家开疆辟土。也难怪，20世纪的美国人把原子弹、美元和舌头并称为国家的三大法宝了。

语言的重要性对我们人类来说是毋庸置疑的，但是运用的方式、方法不同，往往得到的效果也大相径庭。如果能够运用得当，清晰准确地表达出自己的思想、感受，它将会给我们的人际交往增色，反之，则会阻碍我们正常的人际交流。

一个男人有一个温馨幸福的家庭。他的妻子不但长得漂亮，厨艺还非常出众；孩子也聪明伶俐，被教育得非常出色。

但是有一天，这个男人突然给他的律师打去电话，说要和妻子离婚，让律师帮他办理有关离婚的事宜。

律师非常不解，问他："你为什么想要离婚，有什么特别的理由吗？"

男人痛苦地说："因为她总是在我的耳边唧唧喳喳说个不停！"

律师问："她都说了什么，非要走到离婚这一步？"

男人回答道："正是因为我不知道她说的是什么，所以我才想和她离婚，她从来都没有清楚、准确地表达过她的想法。"

在日常的生活中，像上文中的妻子一样不能或者不愿准确表达自己想法的人，应该不在少数。不管是面对自己的家人或朋友，因为表达方式的问题，自己的观点总是被对方误解或曲解，给自己和他人造成不必要的麻烦或误会。

人与人之间的沟通是相互的，不但要理解他人所表达的观点和想法，也要准确地表达自己的观点和想法，只有这样才能更好地进行沟通。当我们在陈述自己的观点时，往往只求把自己想要说得说完，即使是一些毫无意义的废话，也想多叨叨两句，唯恐自己说得不够详尽。至于有没有表达清楚，表达的内容是否准确无误，却从来没有认真考虑过。

其实，从某种意义上来说，语言是一个人的名片，代表着这个人的形象。意思表达得清不清楚，词句运用得是否得体，直接影响到人们的交际水平和自身的发展。但是在中国，也许是受到含蓄文化的影响，人们很少向自己的亲人表达爱意，在与他人沟通的时候也很少表达自己的想法。甚至很多人都认为不论是想法或是爱意，都不应该表现出来，少言寡语才能给人以成熟、值得信赖的感觉。然而，从心理学的角度研究表明，这种方式是一种不良的沟通方式，非常不利于自身的发展。

研究表明，如果我们能在沟通时准确地表达自己的感受，非常有利于我们与对方的沟通，会让对方在听到我们的表达以后认为我们已经理解了他们的思想和感受，同样的，准确的表达也更容易让对方了解我们的思想和感受。从而使交流的双方觉得彼此的感觉是一致的，有一种相互理解、惺惺相惜的感觉。这为我们建立良好的人际互动起到了非常关键的作用。反之，则有可能产生不必要的矛盾，不利于我们建立良好的人际关系。

　　例如：一个加班到很晚的丈夫，拖着疲惫的身体回到家时，发现老婆躺在沙发上看电视，饭菜都没有做。想想自己工作那么辛苦，而身为家庭主妇的妻子却连饭菜都不为自己做，顿时觉得有些委屈，便冷冷地对自己的妻子说："除了看电视，你还能做点别的吗？你知不知道我每天都很辛苦！"

　　这时，妻子听到的信息就是，丈夫在指责她看电视。她并不清楚丈夫此时真正的感受是饿了，想要吃饭。她在误解丈夫的同时，还极有可能发生一场相互抱怨、互相指责的战争。

　　如果丈夫能准确地表达出自己的感受，那么情况就会有所不同。比如，他回到家后对妻子这样说："老婆，我回来了，你怎么还在看电视，我都快饿死了，快点去帮我做点吃的吧！"

　　妻子听到的如果是这种准确的表达，一定会及时起身，去帮丈夫做吃的，还能避免一场不必要的争吵。

　　丈夫主要的目的是吃饭，他通过合理的方式准确地表达出了自己的感受。而且是在和平、非暴力的情况下解决了问题，何乐而不为呢！

通过上例中的介绍，我们已经基本上明白了准确表达在人际沟通中的重要性。因此，我们应该从平时的细节入手，务必学会准确而清晰地表达自己的需要和感受。不仅如此，我们还应该直截了当、清晰准确地告诉对方，我们需要和希望他们做些什么。说话的目的就是为了"清晰而准确地表达自己的意思"。我们在日常的表达中应该多使用、多练习，它将会有效地提高我们的沟通水平。

一般情况下，我们要做到以下几点：

首先，要口齿清晰。虽然我们不能像戏曲大师唱戏那样字正腔圆，但也要出口表达的时候，不至于让对方产生歧义，或者因为别人听不清而不断重复。因为那样不仅会浪费彼此的时间，还会给对方留下不好的印象。当然，并不是所有人一出生就是口齿清晰的，很多人也需要经过锻炼才能达到口齿清晰的结果。我们可以在平时与人交流的时候，有意识地加以注意。除此以外，还可以经常性地朗读一些文学作品。接触的多了，口齿得到了锻炼，以后再说话的时候，就不会含糊不清，影响他人的理解了。

其次，要注意说话的节奏。说话的节奏不能太快或太慢，应该根据表达的需要来进行调节。有些人说话快，常常因为语速的问题，有些字好像被省略掉了，对方根本听不清楚。还有些人，说话太慢，容易让人听了着急，使对方失去倾听的兴趣。

再次，要想清楚以后再说。塞·约翰逊曾说过"语言是思想的外衣"，它直接反映了一个人内心的东西。如果一个人的思维混乱，那么他的语言当然也不会有条理。生活中有很多人，说话之前不懂得思考，说得好听点是"心直口快"，说得难听点是"说话不经过大脑"，这样说话不仅不能清楚地表达出自己的意思，还很有可能会得罪人，因为未经充分思考就脱口而出的话，往往会存在一定的漏洞，在特定的语境中会让人产生误解。因此，说话之前一定要想清楚了再说。不仅要慎言，还要训练自己敏捷的思维。

最后，要因人而异，因时而变，因地制宜。也就是说，与人交流的时候，不仅要考虑说话的对象，还要看清楚所处的场合，瞅准说话的时机。同样的一句话，因为听者的不同，产生的效果也不同；同样一句话，在不同的环境中表述，也会产生不同的意思；同样一句话，在不同的时机下表达，也会大相径庭。因此，我们应该灵活、准确地运用自己的语言。

准确地表达自己的想法，既可以帮助我们建立良好的人际关系，给他人留下深刻的印象，还可以让我们和他人更加自如地交流思想、感情。准确地表达自己的想法和感受，是我们不可或缺的一种交际能力。

爱的练习题

（1）面对你喜欢的人，你会清楚、准确地向对方表达自己的爱慕吗？

（2）你有没有因为表达不准确而被对方误解过？如果有，你是否觉得给你造成了不必要的麻烦？

善用耳朵，它比嘴巴更会说

倾听也是一种爱的语言

倾听是一种平等而开放的交流！

古时候，有一个附属的小国向中国进贡了三个用纯金打造的小金人。这三个小金人做工精湛、光彩夺目，中国的皇帝甚是喜欢。

小国的使者在进贡礼物的同时还出了一道题目：请中国的各位大臣们判断一下这三个小金人哪一个更有价值。

大臣们看着这三个一模一样的小金人，想了很多的方法：有的用称重器称重量；有的请珠宝师来鉴定；有的请艺术家看做工。但是，无论用什么方法都分辨不出哪一个更有价值。

正在人们绞尽脑汁依然无计可施的时候，一位后宫的妃子来到了大殿，她拿起三个小金人仔细地看了看，便派人去取来了三根稻草。这个妃子拿起稻草分别插进三个小金人的耳朵里，结果：插入第一个小金人耳朵里的稻草从另一边的耳朵出来了；第二个小金人的稻草从嘴巴里出来了；第三个小金人的稻草插进了小金人的肚子里，什么响动也没有。

妃子胸有成竹地说："第三个小金人更有价值！"

使者赞赏地点点头，满意地笑了。

这个故事就说明了，最有价值的人，并不是最能说会道的人，而是耳朵通往心灵的，懂得用心倾听的人。

倾听是连接心灵的纽带，懂得用心去倾听是智慧的表现，也是个人修养的体现，倾听能够促进人与人之间真诚的沟通。能否与他人沟通得顺畅，并非取决于你出众的表达能力，沟通的真谛在于对方的才华能否更多地展示出来，而非炫耀你自己的口才。很多时候，仅仅要求我们做一名合格的听众而已。

懂得用心去倾听，善于倾听，有效地倾听，是一个人走向成熟的基本素质，也是与他人成功交流必须注重的细节。

古希腊哲学家苏格拉底曾说过："上帝让我们有两只耳朵，而只有一张嘴巴，其用意就是让我们少说多听。"很多时候，你越是认真地听对方说话，他就会越喜欢你，因为我们只会对那些对自己感兴趣的人感兴趣。我们应该都有过这样的体会，当我们有一件很有趣的事情想告诉别人时，我们往往会将其告诉自己的亲人、朋友、同学、同事等自己比较信赖的人。当他们认真倾听你的话语时，你会相当开心，会有一种满足感。这样就拉近了你与倾听者之间的距离。

倾听对我们人类而言非常重要，它就像我们的呼吸一样重要。在我们日常的沟通行为中，比如读、写、交谈、倾听等等，其中效率最高的不是读和写，也不是交谈，而是倾听。

倾听是一种本能、一种生理反应，倾听也是一种艺术、一种心智和情绪的表现。心理学研究表明：所有的人都有倾诉的欲望，当我们不能成为自己所期望的样子时，就会产生沮丧和失望等消极的情绪。如果这些情绪得不到排解，就会积郁成疾，每当这个时候，我们往往需要渠道去发泄，而发泄最好的渠道就是找人倾诉，既然需要倾诉就需要有人倾听，这个时候，倾听就显得尤为重要了。

但是，在现实生活中，很多人似乎忘记了倾听，只顾自己一味去表达。经研究发现，在现实生活中真正懂得倾听的人不足四分之一。

　　小A是一位汽车销售人员。有一次，一个客户向他咨询一款新型的轿车，小A 非常热情地接待了对方，并且相当详尽地为对方介绍了这款轿车的性能和优点。

　　对于小A的热情接待，客户相当满意，很快就决定购买此款轿车。但是就在小A陪同客户从展厅前往办公室准备办理手续的短短几分钟之内，客户的脸色越来越难看，最终突然决定不买了。就这样小A眼看着到手的鸭子飞了，好端端的一单生意就这么黄了。

　　这位客户为何会突然变卦呢？小A怎么都想不明白，便向客户询问变卦的原因。

　　这位客户告诉小A："你根本就没有用心地听我讲话，我感到完全被你忽视了。就在我们准备签约之前，我跟你提到我的儿子考上了名校，而他非常喜欢汽车，非常希望能拥有一辆属于自己的车。但是你完全没有听到我所说的这些，你只顾推销汽车。我不想从一个不尊重我的人手中买东西。"

　　直到这时，小A才恍然大悟，原来要想做一个优秀的销售人员不仅要带上自己的嘴巴，更重要的是带上自己的耳朵。

学会用心地倾听，不仅能够让你获取更多的信息，这还是一种尊重他人的表现。谁都希望对方能够用心地听自己讲话，谁都不喜欢对方打断自己的讲话。只有耐心地听取他人的讲话，才能够赢得他人的尊重，取得良好的沟通效果。

在人际关系中，沟通是重点，在沟通中倾听则是关键。每个人都渴望被他人关注，渴望自己在他人心目中能有一席之地，这就是卡耐基所说的人性的弱点，也是心理学家马斯洛所提出的需要层次理论：被人关注、尊重的需求。

　　　小B是一家公司市场部新入职的业务员，最近他搞定了一个相当难搞的客户，这个客户脾气非常暴躁，爱发牢骚、爱抱怨，公司已经跟进半年了，其他很多的业务员都跟进过，但是谁都没能拿下，已经列入其他业务员的黑名单了，令所有人都没有想到的是，小B仅仅跟进了一周就轻松拿下了。

　　　其他的同事都相当好奇，自己费尽口舌都没能拿下的客户，小B一个新入职的员工是用什么手段拿下的客户，便纷纷向小B取经。但是小B的回答却出乎所有人的预料，小B说这位客户是一个心思非常细腻的人，而且他还非常在乎别人对他的态度，尤其在乎别人是否能真正懂得他内心真正的诉求。小B总是能不厌其烦，耐心地倾听客户的诉求，面对客户的一些正确的意见，小B总是真心地予以肯定。就这样，客户觉得小B对他非常尊重，并视小B为知己。小B拿下这单就顺理成章了。

　　　这时，小B的同事们才搞清楚他们没能拿下这单的原因，他们只顾着介绍公司的产品，并没有去倾听客户的心声。小B虽然刚刚入职，业务水平并不是很熟练，但是小B却凭借自己善于倾听这一点就拿下了其他同事所没能拿下的订单。熟悉业务的业

务员们虽然口若悬河，但是却沟通失利，没能拿下订单；业务
不熟悉的小B却因为善于倾听，令客户相当的满意，取得了很好
的沟通效果，拿下了订单。如果你想成为一个很好的沟通者，
就应该成为一个善于倾听的人。那么，我们如何才能掌握倾听
这门艺术呢？

第一，要保持专注。有关研究表明，人说话的语速大约每分钟
一百五十字，而思维的速度要比语速快四到五倍，因此，一个人在
听他人讲话的时候很容易分散自己的注意力，要想专注于倾听并不
是一件容易的事情。因此，要想成为一个很好的倾听者，必须保持
专注。

第二，不要急于插话。在对方讲话的时候，即使他所讲的内容并不
是十分有趣，你也不要急于插话，因为你突然打断对方的讲话，会让对
方相当反感，是一种不尊重的表现。而尊重的本身往往是相互的，你不
尊重他人，自然也得不到他人的尊重。即使你的话语能给对方带来一些
启迪，你也要选择合适的时机，不可以不顾他人的感受，随意打断。

第三，要适时地给予评价。在对方表达某种观点的时候，如果你觉
得他说的正确，就要以点头、微笑或简明的话语予以赞同和鼓励。在沟
通的过程中，给予对方适当的评价，能使对方心悦诚服、心情舒畅、兴
趣盎然。

"王禅老祖"鬼谷子曾说过"口乃心之门户"。良好的倾听是打开
他人心扉的钥匙。当我们觉得身心疲惫的时候，不妨静下心来做一名真
诚的听众，慢慢地倾听对方的心声！

爱的练习题

（1）当你与他人交流时，你是否会耐心地倾听对方的诉说？

（2）如果你正在陈述自己的观点，却被别人突然打断，你会作何反应？

沟通前，搞清楚对方需要什么

理解人的方法只有一个：判断他们的时候不要急躁。

有一次，美国的大思想家爱默生和他的儿子想将一头正在草地吃草的小牛牵进牛棚，但是他们父子俩一前一后用尽所有的气力，小牛依然不愿进去。这时家中的女佣看到两个大男人累得满头大汗依然徒劳无功，便主动上前帮忙。只见女佣仅拿了一把草放在小牛的嘴里，便非常顺利地将小牛引进了牛棚。看得爱默生父子是目瞪口呆。

爱默生和他的儿子犯了一般人常犯的错误，就是他们仅考虑到自己的需求，却没有考虑到小牛的需求，所以他们生拉硬拽也没能将小牛拉进牛棚。只有女佣最清楚小牛的习性，知道小牛最需要的是什么。

在现实生活中，我们在与他人沟通的时候，要先听听对方的需要，了解对方心里想什么，我们才能得到自己想要的。例如，在钓鱼的时候，我们不能根据自己的喜好来选择鱼饵，应该根据鱼的喜好来选择鱼饵，那样才能钓到鱼。

哈雷·欧佛施托教授曾说："行动是在人类的基本欲望中产生的，想要说服别人的话，就应该不论在商业上、家庭里、学校中、政治上，还是在别人信念中，激起某种迫切的需要，如果能把这点做成功，那么整个世界都是属于他的。"表现自我的需求是人类的天性，我们的每一个举动，每一个出发点，往往都是为了我们自己的需要去做的，很少去考虑他人的需要。如果我们不再将自己的需要强加给他人，而是多多地听取对方的需要，那么将会避免很多的多说无益和徒劳无功。

了解对方的需要，你就不愁找不到自己的幸福；了解对方的需要，你就能找到自己想要的工作；了解对方的需求，你就不愁搞不好与他人之间的关系。因此，我们不要总是拿我觉得怎样，我认为怎样去对待他人，因为你的需要并不代表对方的需要，如果我们只一味地顾及自己的感受与需要，那么将很难成功。

有很多人在遇到事情时，总是还没搞清楚具体的状况就急于着手去做。小B就是这么一个人。

上周，经理给了小B一个case让他做。小B接到case以后，也没有问清楚具体的需求，就火急火燎地全面投入其中。

周一的早上，我路过经理办公室的时候，经理的咆哮声从屋内一阵阵地传出来："你到底是怎么搞的，有没有搞清楚我的意思！你就准备拿这个残次品来应付我，是吗？还能不能端正自己的工作态度！"

没多会儿，小B就哭丧着脸走出了办公室，见到我就十分委屈地向我抱怨："我做之前也没跟我说清楚，我都做完了又让我重做！也太难伺候了！"我问道："那你做之前搞清楚经理的意思了吗？"小B无辜地回答道："我就是想着能快点做完，也没想那么多！""所以，你现在要重新做，想快也快不了了！"我好笑又好气地回道。

就这样小B因为没有搞清楚经理的需要，不仅被对方骂了一顿，整个case还被推翻，要从头做起。既赔上了感情又浪费了时间。

很多时候，你付出了却不一定能够得到回报，就像上例中的小B一样，费时费力地去做了，最终却没能达到想要的效果。

在现实生活中，与他人沟通交流的时候，如何才能听到对方的需要呢？

第一，在与他人沟通的时候，要抓住对方想表达的主要意思，不要被一些旁枝末节所吸引。要注意分析哪些内容是主要的，哪些内容是次要的，才能抓住对方言语背后的主要意思，避免造成误解。

第二，在没有听清或者没有搞懂对方意思的时候，要及时提出疑问，以免产生误解。当然提疑的时候不要喧宾夺主，更不要把话题扯开。

第三，在对方还没有说完之前不要急于发表自己的观点，也不要提前在心中做出判断，不要带着自己的主观色彩去判断，要耐心地听完再做判断。

第四，在沟通的过程中，如果你的想法比对方的更好，也不要替对方做决定。你应该将自己好的想法作为一个提议告诉对方，但最终的决定还要当事人自己做出。不要将自己的想法强加在对方身上。

很多时候，付出不一定会有回报，因为你给予的不一定是对方需要的。付出是一种美德，付出的时候，我们应该先了解对方真正的需要是什么。只有这样，才能拥有更加和谐的人际关系！

爱的练习题

（1）在与人相处的时候，你会真正去理解对方的需要吗？

（2）如果对方非要将他的需要强加给你，你会高兴吗？为什么？

不能光用耳朵不动嘴

倾听对方任何一种意见或议论就是尊重，因为这说明我们认为对方有卓见、口才和聪明机智，反之，打瞌睡、开小差就是轻视。

在日常的交流中，"倾听"和"回应"是非常重要的两个环节，它们是相互为继的关系，缺少了谁，沟通都无法正常进行。在与人沟通时需要用"心"去倾听，没有有效的倾听就达不到沟通的效果。与人沟通时，不仅要认真倾听对方所说的，还要理解对方话语中的含义，并且适时地予以回应。

倾听不光用耳朵去听，而且是一种情感上的互动。倾听者需要通过话语的回应去向对方传递信息，去告诉对方你在认真地听他说话，从而表达自己对诉说者的尊重与关注。倾听的时候，还要积极地思考诉说者话语中表达的含义，适时地表达出自己的意见。

　　与人沟通交流必须是相互的，谈话必须有来有往。我们在不打断对方谈话的前提下，通过及时的反馈信息，可以更好地理解对方的意思，避免产生误解。及时地做出信息的反馈，可以让对方感觉到你在认真地倾听，这是对对方谈话价值的一种肯定。在双方交流的时候，即使是一个小小的价值，如果能得到对方的肯定，诉说者的内心也会非常高兴，同时倾听者也会对肯定他的人产生好感。

　　有效的沟通交流应该是沟通双方之间所形成的互动关系。如果只有倾听没有回复，就达不到良好的沟通效果，甚至会让对方觉得你根本就没有将他的话放在心上，甚至没有将他这个人放在心上。假设你在跟对方谈话的时候，对方毫无反应，没有一点的信息反馈，你一定会觉得对方根本就是将你的话当成了耳旁风，你会乐意对方如此对你吗？当然，我相信你一定不会如此期望。

　　　小A是一家公司的新进员工，因为内向胆小，往往不敢表达自己的建议，领导给他布置一些任务的时候，他总是非常认真地听，但是他也仅仅听了而已，从来没有表达过自己的观点，即使他不是非常明白，不敢提出自己的疑问，因此小A常常不能很好地完成自己手头上的工作。

　　　有一次，经理让小A准备一个大型项目的投标文件，这是一个非常重要的项目，能否拿下它直接关系到整个公司的年度绩效。经理将这份工作交给小A的时候，详细跟他阐述了标书的细节以及注意事项，并再三叮嘱他，有不懂的地方一定要及时询问，一定要把它做好。小A虽然并没十分明白经理所表述的内容，对此也存在许多的疑问，但是他依然像以前一样点头答应，并未提出任何异议。在准备的过程中，小A遇到了一些不明白的地方，完全有机会向经理咨询，可是他始终没有开口。

结果可想而知，因为小A的原因，投标失败，公司失去了一个重要的项目。经理觉得小A完全没有将他的话听进去，根本就没有理解他要表达的意思，工作态度相当不端正，根本就是将他的话当成了耳旁风。小A最后被公司辞退了。

所以，很多时候我们不能一味地光用耳朵不动嘴。在人际交往中，倾听很重要，适时地回应、提问也很重要。每个诉说者都希望对方认真听他述说，希望对方能够更好地倾听，理解他要表达的意思，甚至给予他一些意见。学会回应，善于回应，是一个人成熟的标志，也是自信的象征，它反映了一个人的思想境界，也彰显了一个人的能力。倾听时恰到好处的回应，能够让沟通更加活泼生动，促进双方关系的和谐发展。

那么我们应该如何适时地给予回应，让沟通更加顺畅，达到有效的沟通呢？

要善于引导对方。在交谈的过程中，我们要用鼓励性的语言去向对方表示你正在专心地听他说话，并且鼓励他继续说下去。如果交谈的过程中出现了冷场的现象，也要通过适当的提问引导对方说下去，活跃交流时的气氛。

要给予对方真诚的赞美。在对方见解精辟、言辞生动或说出有价值的信息时，我们要及时地给予真诚的赞美。比如，你的想法真的很有见地；你的故事真精彩；你的建议真的很好等，像这种良好的回应，可以瞬间激发对方谈话的兴致。

要适时地提出疑问。虽然在对方倾诉的时候突然打断对方的话是一种非常不礼貌的行为。但有一种方式是例外，这就是"乒乓效应"。它是指在倾听的过程中，要适时地提出一些切中重点的问题，或者是发表一些独特的建议和看法来响应对方的倾诉。在适当的时机给予对方清晰的回应和反馈，以此来确认自己理解的意思和对方是一致的，从而达成共识，加深彼此之间的感情。

倾听并不是一种被动的活动，而是一种积极地向对方传递全部信息的反应过程。所以在倾听的时候，不光要带上你的耳朵，还要带上你的嘴巴，给予对方适当的回应。适当的回应既是向对方传达自己倾听的态度，是鼓励对方继续倾诉，可以促进双方更好地交流，同时也可以深入地了解交流的双方。良好的交流，在专注、积极地倾听的同时，也要给予对方适当的回应。

爱的练习题

（1）如果只有你一个人在那儿侃侃而谈，没有他人的附和，你是否会觉得尴尬呢？

（2）你在与他人交流的时候，如果一直一言不发，你觉得你们的交流还能进行下去吗？为什么？

让肢体语言为你"说话"

肢体语言是从人们潜意识中发出的语言，它隐蔽而真实地传达着人们的内心世界，其强度远远超过了我们口头上的言语。

　　一个食客走进一家饭馆，点了酒菜。当他吃饱喝足后，摸了摸口袋，发现忘了带钱，便对饭馆的老板说："老板，今日出门匆忙，忘了带钱，改日给您送来！"饭馆的老板礼貌地回道："没关系，没关系。"然后恭敬地将这位食客送出了门外。

　　这整个过程被一个无赖看在了眼里，心想，如此便可白吃一顿。于是他也走进饭馆，点了一桌酒菜。当他酒足饭饱之后，他也摸了一下口袋，并对饭馆的老板说："老板，今日出门匆忙，忘了带钱，改日给您送来！"

　　谁知，这时饭馆的老板突然脸色一变，让手下将这个无赖抓住，非要扒了他的衣服抵账。

　　无赖很不服气地对老板说："刚才那个人，不是也赊账了吗？"

　　这时，老板解释道："人家吃饭，碗筷摆放整齐，喝酒一盅盅的小口喝，斯斯文文，吃完了还拿出手绢擦嘴，一看就是个有德行的人，怎么会赖我这几个小钱。你呢？狼吞虎咽，脚翘在凳子上，喝酒也不用酒盅，直接往嘴里灌，吃完了，直接用衣袖擦嘴，分明就是一个居无定所、三餐不继的泼皮无赖，我岂能饶你！"

老板的一席话说得无赖哑口无言，只能留下外衣，仓皇而去了。

从这个故事中，我们可以得到以下启示。

第一，肢体动作是一个人思想情感和文化修养的外在体现。如果一个人品行端庄、富有涵养，那么他的肢体动作也势必优雅；如果是一个品行恶劣、缺乏涵养的人，那么他的肢体动作也势必粗俗。

第二，在人际交往的过程中，我们可以通过对方的肢体动作来衡量和了解一个人。

第三，在人际交往的过程中，我们应该时刻注意自己的肢体动作，因为它是他人用来衡量自己的一面镜子。

在生活中，我们都有过无数次与他人交流的经验，在交流的过程中，我们不光会"听其言"，也会"观其行"，以此更加深入地了解对方。当然，在我们观察对方一举一动的时候，对方也在观察着我们。因此，我们如果想说服对方做某件事情的时候，单靠语言交流是远远不够的，我们面对面交流的时候，可以通过使用各种各样的手势、表情等方式，来加强语言的效果；即使是通过电话或网络交流时，我们也可以通过语调、说话节奏来加强语言的效果。这些用来加强语言效果的方式，都可以称之为肢体语言。

早在20世纪五六十年代，西方一些国家就对肢体语言进行了研究，发展出了一门颇具魅力的新科学：人体语言学。

1971年，美国加州大学洛杉矶分校的梅拉比安教授，曾经做过这么一项研究：他在特定的时间内，观察有声语言和无声语言之间的互动关系。他设计出一套面对面的沟通模式，并且归纳出大多数人所适用的模式，然后借此来观察、了解，人们是如何歪曲理解彼此之间的语言。

通过这项研究找出了沟通中的三个主要元素：肢体语言、声音和用语，由此还总结出了一般人沟通中的三个常数：55/38/7，它们分别代表一个人接受他人传达信息的方式：55%的信息来自看到的举动；38%的信息来自声音、语调和语速等；7%的信息来自语言本身的内容。

由此可以得出这样一个结论：一个完整信息的组合元素中，无声的语言（肢体语言）占了93%。

由上面的研究可以看出，肢体语言在传递信息过程中的重要作用，它是人际交往中不可或缺的重要工具。而且，这种非语言传达信息的方式，比用语言传达信息的本身更具有内涵。肢体语言的表达形式更加丰富，表现出来的内容也更加有意义和说服力。它还可以成为你个性魅力的展示，并给人留下独特的印象。

科恩登在给林肯写的传记中曾有过这样一段描述：林肯在想要强调某个观点的时候，会有一个非常明显的动作，就是喜欢晃动脑袋。当然，这个动作也不会一直持续，随着演讲的进行，他的动作会变得越来越自如，直至接近完美的程度。他有着属于自己的律动感和独特的肢体语言，这让他变得异常高贵。他看不上虚荣、炫耀和做作等一切不好的行为。有时候，他会以他独特的肢体语言来表达他的心情和内心的看法，比如，他会高举双手撑50度角，手掌朝上，做出拥抱的姿势来表达自己喜悦的心情；他也会高举双手，紧握拳头在空中挥舞来表达对某人或某事的不满和厌恶。他的肢体动作有效地表达了他坚定的决心。他在演讲的时候总是站得非常规矩，双脚并齐，也不会倚在任何东西上面，他的姿势和神态变化不大，他也不会大声喊叫，更不会随意走动。为了放松双臂，他有时会左手抓住衣领，拇指朝上，只用右手来动作。

适当的肢体语言可以更加清楚地表达演讲者的内心思想，可以更加有效地增强言语的效果。而林肯就是一个非常善于利用自己的肢体语言的人。弄明白了这一点，我们就知道为什么林肯在葛底斯堡的讲话中，仅仅用了两分钟，全篇不超过225个单词，就轻松打败了爱德华·伊韦瑞特——这个演讲超过了两个小时的对手。

同样是美国总统竞选，但是有一位候选者却没有那么顺利。

1960年，美国总统选举时，尼克森和甘尔迪两位候选人要进行电视辩论。但在电视辩论的前一天，尼克森却不小心伤到了脚，而且他还不愿意接受特别的电视造型建议。

在电视辩论中，甘尔迪呈现的是一种开放、抬头挺胸的姿势和支持性的手势。而尼克森却因为脚伤的问题，在发表政治见解时，身体倾向一侧，另一只脚支撑身体，同时手撑着讲台。在整体的外型上，他呈现出的是虚弱、紧张、疲惫的形象。

看电视的选民们认为甘尔迪比尼克森更加冷静、从容、老练，也更加具有说服力，而尼克森给人呈现的是守旧传统的形象。

但是，听收音机的选民则认为，尼克森的政治见解更加吸引人，显示出了他的博学与前瞻性。不过令人遗憾的是，他最终仍然输了大选。

尼克森为何会输掉大选，最主要的原因就是他不懂得如何在大众面前展现积极、正面的形象。很显然，尼克森忽略了肢体语言的重要性。

不难看出，肢体语言在日常的人际交往中，真的起到了非常重要的作用，其主要体现在以下几个方面：

一是可以提升你的吸引力。在很多时候，表达得是否具有吸引力，并不在于你说话的内容，而在于你说话的方式，一个较好的姿势，完美的肢体语言，可以瞬间提升你的吸引力。

二是可以带动情绪、渲染气氛。适当的肢体语言不仅可以带动演说者自己的情绪，还可以带动倾听者的情绪，渲染整体的气氛。

三是可以传达真实的信息。因为肢体语言往往是人们无意中做出的一些举动，这些举动甚至都没有经过大脑的思考就自然地表露出来，是一个人最真实、直接的反应。语言可以说谎，但是这些非语言是不会说谎的，因此在注意对方肢体语言的时候，也要注意自己的肢体语言。

四是可以提高我们的沟通技巧。提高我们肢体语言的能力，可以有效地提高我们的沟通能力。

五是可以帮助我们树立良好的第一印象。我们在他人眼中的第一印象，会直接影响他人对我们的评价，因此塑造一个良好的第一印象非常有必要，而肢体语言恰恰可以帮助你做到这一点。

既然我们已经知道，肢体语言在日常的沟通中有着这么重要的地位。那么，我们就应该学会合理地利用这些东西，更好地为我们的日常沟通服务。我们要懂得控制自己的举止，特别是一些不经意的小动作，给他人留下一个良好的印象。

我们可以从以下几个方面着手，来提升肢体语言的能力：

不要翘着二郎腿，也不要双手环抱胸前。

交流时，要保持眼神的交流，但是不要紧盯着对方。

与人交流时要保持一定的距离，双脚不要紧闭，要摆放自然，会显得有自信。

要放松肩膀，双臂自然下垂。

当对方发表言论时，要轻微点头以表达对对方的尊重。

要挺胸抬头，不要弯腰驼背。

当对方讲到精彩的片段时，我们可以身体轻轻前倾，以表示自己的兴趣。

保持微笑，适当的时候，讲一些笑话可以让对话的环境更轻松。

不要不断地摸脸、挠头，这会让你觉得紧张。

不要总低着头将目光集中在地上，要保持目光平视，不然会给人一种不信任的感觉。

适当地放慢速度，可以让你冷静，减少自己的压力。

不要总是坐立不安。

要将你的手加入到与对方的谈话中，但是要避免太夸张的动作，否则会适得其反。

不要总是将手放在自己的胸前，尽量放在腿的两侧，否则会让对方觉得你拘束。

最后，一定要保持良好的态度。

爱的练习题

（1）假如与你交流的人一直都面无表情，请问，你还有兴趣和他交流下去吗？为什么？

（2）在现实的生活中，你是一个善于利用自己肢体语言的人吗？如果是，你觉得自己的沟通能力如何？

细节决定成败，让细节为沟通加分

考虑到细节、注重细节的人，不仅会认真对待工作，将小事做细，而且注重在细节中找到机会，从而使自己走向成功之路。

某房产公司有一幢带院子的房子，已经卖很久了，也带过很多客户来看房，但因为房子非常破旧，一直没有卖掉。

小孙是这家房产公司新来的销售员，这天他接待了一对夫妻，需要一幢带院子的房子，于是小孙便带着这对夫妻去看那幢老房子。

当这对夫妻走进房子的院子时，细心的小孙注意到妻子很兴奋地对自己的丈夫说："你看，这儿有棵樱桃树，可真漂亮啊！"而丈夫却及时制止了妻子的行为，示意她不要吭声。

当这对夫妻走进屋内时，显然对屋内陈旧的装修并不是很满意。丈夫指了指客厅的地板说："这地板都坏了，你知道吗？"

小孙对他们说："是啊，地板是有些陈旧了，但是客厅的采光非常好，最重要的是，透过客厅的窗户，你们可以欣赏院内美丽的风景，比如那颗樱桃树，多么漂亮啊！"

这回夫妻又来到了厨房，这时妻子抱怨说："厨房的设备也太陈旧了吧！"

小孙不急不忙地说道："是啊，设备是有些陈旧了，但是当你做料理的时候，透过厨房的窗户，看到那美丽的樱桃树，不是很令人愉悦吗？"

这对夫妇又走到了其他的房间，他们总是会指出房子各种各样的缺点，小孙也总是跟他们强调："是啊，这幢房子是有许多的缺点，但是你们从任何一个房间向外望去，都可以看到那颗美丽的樱桃树！"

最终在小孙不断地提示下，这对夫妻，最终买下了这幢老房子。

小孙虽然只抓住了这对夫妇喜欢这棵樱桃树这一个细节，但是他却成功地卖掉了这套卖了很久的老房子。由此可见，注重细节是多么的重要。

老子曾说过："天下难事，必做于易；天下大事，必做于细。"这句话充分地表达了细节的重要性。不管是在日常生活中，还是在工作中，我们与人交往时千万不要忽视细节，因为往往是这些细节引导着我们走向成功。

无论是在什么情况下，细节都发挥着非常重要的作用。不要瞧不起那些不起眼的细节，有些时候你忽视了细节，成功就可能会忽视你。所谓"千里之行，始于足下"，我们必须将脚下的每一步都走好，才有可能到达成功的彼岸。没有谁的成功是一蹴而就的，成功都需要一个积累的过程，是由一件件小事、一个个细节积累而成的。只有善于发现和掌握细节的人才能够获得成功。

福特公司是美国汽车行业的龙头企业，它甚至改变了整个美国的经济状况。然而，谁又能想到创造这个奇迹的福特先生，当初能够进入这个行业，凭借的仅仅是被他人所忽视的一个小小细节。

那时候，福特刚刚大学毕业，有一家大型公司在招聘新人，福特决定到这家公司去试试运气。可是到了以后，福特顿时觉得自己没戏了，因为与他一起来应聘的求职者大都是精英，不管是学历还是能力都比他要高。

虽然不抱什么希望，但福特认为来都来了，好歹试一试。于是福特怀着忐忑的心情向面试的办公室走去，当他走到门口的时候，发现地上有一团纸屑，出于习惯，福特弯下腰捡起了纸屑，并将其丢进了垃圾桶，然后才径直走向面试的办公室。

面试结束以后，面试官走过来告诉福特："你好，福特先生，你已经被我们录取，培训合格以后，就可以正式上班了。"

福特很惊讶，一时没有反应过来，面试官看出了福特的疑惑，笑着对福特说："福特先生，其他应聘者的学历确实比你高，而且也都仪表堂堂，但是只有你一个人通过了我们最重要的考验，那就是重视细节，门口的那团纸屑就是最重要的考题。"

同福特一起参加面试的应聘者们，并非没有看到门口如此明显的纸屑，而是他们觉得那是不值一提的琐碎小事，根本就不值得他们弯腰捡起。但是，就因为这么一件他们看不上的小细节，让他们错过了一个极好的就业机会。

而福特先生，因为注重对细节的把控，不仅让他成功地找到了工作，最终成为汽车行业的巨头，被世人尊称为美国的汽车工业之父。1913年，他还成功地开发出了世界上第一条流水线，在提高了生产效率的同时，更是将细节的把控发挥到了更高的水平。

一个注重细节的人，往往都会给他人一种认真负责，有责任感有担当的印象。由此可见，细节对我们人生相当重要，所以我们在与他人交往、交流的时候，一定不要忽视细节的重要作用。

同样的道理，在我们与他人沟通交流的时候，应该注意一些细节方面的问题，比如，对方的用词、对方的表情、对方的举止等等。通过这些细节，我们可以更加准确地判断对方的心理活动，从而可以选择合适的交流方式。如果我们不注重对细节的把控，不注意对方的言行举止，那么我们将无法准确地抓住对方的思想，还会让对方产生不被重视、不被尊重的感受，会直接影响交流的结果。

除了关注对方身上的一些细节外，我们在生活中还应该注重自身行为方面的一些细节，比如，当我们在路上遇到熟人时，应该面带微笑主动跟对方打招呼；当某些节日来临时，应该给对方送去诚挚的祝福；当他人取得一定的成绩时，应该及时祝贺对方，并鼓励其继续加油；当看到他人穿了一身漂亮的新衣服时，也不忘真诚地赞美对方，等等。当我们做到了这些细节时，就会发现，原来与人相处是如此轻松的一件事情。

我们本来就是生活在大大小小的细节当中的。但是由于习惯等问题，我们常常会忽视细节带给对方的感受，也往往会因为一些细节问题而无意间伤害对方。如果我们大家都能注意到细节问题，那么我们将会避免很多的误解和伤害，我们与他人之间的关系也将会变得更加和谐。

既然细节对于我们的人际关系如此重要，那么，我们怎样才能成为一个关注细节的人呢？

首先，要学会赞美他人的小优点。每一个人都有值得他们自豪的闪光点，即使是那些地位低下、身份卑微的人也不例外，也许他们的闪光点可能非常小，小到只有他们自己知道，其他人很难发现。当我们注意到了他们的这种小秘密、小细节时，及时地予以称赞，对方必然会兴奋。没有什么会比称赞他人能够获得更多的好人缘了。

其次，关注对方细微的变化。所有人都希望得到他人的关心，没有任何一个人会对关心自己的人反感。如果我们能适当地向对方表达出自己的关心，那么必然会赢得对方的好评。当我们发现对方的衣着服饰等发生细微的变化时，能够及时地发现，并予以关心，那么对方一定会感到由衷的欣喜，如此便拉近了你与对方之间的距离。

再次，要记住对方不经意间的话语。每个人每天都会说很多的话，而有些话过不了多久就会被忘记，或者不会再去留意它。当我们能够适时地向对方提起他曾经说过的话时，一定会让对方有一种备受重视的感觉，他会认为你很在乎他，甚至会受到感动。在这种情况下再去与对方交流，必然会提升交流的效果。

最后，我们在与对方交往的时候，要注重自身的一些细节，例如自己的言行举止，特别是一些容易引起对方误解，会给对方造成伤害的一些小细节，一定要特别注意，否则将会导致双方关系的失和或者破裂。

自古以来，那些有大智慧的人总是能够以小见大，从平淡无奇的生活中参透出深邃的哲理。惠普的创始人戴维·帕卡德曾说过这么一句话，"小事成就大事，细节造就完美！"日本松下的创始人松下幸之助也曾说过："不注重细节的企业，必将在粗糙的砾石中停滞不前。"他们之所以能够取得事业上的成功，与他们注重细节是分不开的。

爱的练习题

（1）你能说出关注细节在日常生活和工作中得到的一些好处吗？请举例说明。

（2）你是一个关注细节的人吗？如果是，请说说它给你带来了哪些好处？

07

真诚的请求，谁都不忍心拒绝

真诚地请求，而不是冷酷地要求

没有人乐意听从别人的指使，没有人喜欢让别人告诉他应该怎么办、怎么想，这是人的天性。

在现实生活中，很多人都习惯不顾他人的感受，强迫对方接受自己的观点。但是，令人遗憾的是，这种方式往往达不到自己想要的结果。因为强势地要求他人，总是会给对方一种被命令、被压迫的感觉，让对方产生抵触的心理。更有甚者，还会在无形之中伤害到对方，造成彼此之间关系失衡，不能顺利地进行交流。

一些成功的领导都知道：若要下属能够有比较突出的表现，就应该对他们真诚地请求，而非强势地要求，因为他们会觉得得到了领导的认可和尊重。所以，我们若想顺利地与他人沟通，如果能真诚请求对方，那么我们往往能得到比想象中更好的结果。

在日常生活中，我们只要注意一些请求的技巧，便能够很好地与人交流。

首先，与人交流时语气要委婉。委婉的语气可以减弱语言的刺激性，避免矛盾的发生。

A的妻子厨艺不是很好，一天A指着特别咸的菜，怒气冲冲地对妻子说："你能不能做点人能吃的菜！"A不仅向妻子提出了要求，还在言语中指责了对方。A的妻子不但不买账，还很可能反击他："你会做，那下次你来做！"因此双方之间便产生了矛盾。如果A以温婉的语气对妻子说："亲爱的，如果这道菜能够再清淡一些，我想就更加完美了！"那么A的妻子肯定会欣然接受他的观点，两人也必然会建立更加亲密的关系。

在家庭生活中，往往因为与人交流时语气的不同而起到不同效果：如果是以强硬的语气去要求对方，可能会使彼此之间的感情恶化，阻碍交流的进行；但若以委婉的语气去真诚地请求对方，却能够提升彼此之间的感情，促进交流的进行。就如上例中的A因为以强硬的语气表达了自己的诉求，不仅抹去了和妻子之间的亲密性，甚至还有可能会打击到对方，对他产生不满和怨恨。如果A能以委婉的语气，真诚请求的方式去呈现他的需要和意愿，那么他的妻子就很容易接受和改正，还能促进他们之间感情的升温。

其次，不要以命令的方式去要求他人。命令的语气会令人反感，使对方产生逆反的心理。

一位高校的老师曾讲述过这么一件事情：

他的一个学生非法停车，将学院的大门堵上了，给其他师生的出入造成了很大的影响。

老师非常气愤，冲进教室严厉地问道："门口的车是谁停的，堵住了大门不知道吗？"

停车的那位学生很不情愿地站起来承认了错误，老师严厉地命令道："立刻给我开走，不然我叫拖车来将它拖走！"

很显然，这位乱停车的学生错了，车子不该停在门口。虽然他承认了错误，但是从那天开始，他并没有感激他的老师。包括他的同学在内的很多学生都对老师的行为感到愤怒，他们还时常做一些让老师难堪的事情，给老师的工作造成很大的不便。

本来这位老师完全可以采取温和处理的方式，比如，他可以友善地询问："门口的车是谁的？"然后再真诚地建议："如果你能及时地将它开走，那么其他人就方便进出了！"我想，如果这位老师能够真诚地请求而非强硬地命令，这位学生一定会很乐意将车子开走，其他的学生们也不会有如此抵触的情绪了。

很显然，即使是长者冷酷、粗鲁命令式的态度也会令人反感，即使你纠正的确实是一个很明显的错误，对方也不一定会乐于接受。如此你不但达不到自己最初的目的，反而会加深你与对方的矛盾，使双方的关系恶化。

再次，礼貌性的建议效果会更好。礼貌性的建议不仅能体现出个人的涵养，还是对他人的一种尊重，能够让人更容易接触，相处更融洽。

小李是一家建筑公司的安全检查员，他每天不仅要检查电梯、防护、水电等硬件设施，还要检查工人佩戴安全帽的问题。

刚开始的时候，小李总是会非常严肃地要求工人们立刻将安全帽戴上。但是这样的方式并没有达到小李想要的效果，他一离开，工人们会立马摘下安全帽，好像是在跟他作对一般。

这件事，让小李非常苦恼，他意识到这种严肃、强硬的要求根本就改变不了现状，于是他决定换一种方式试试。

之后，小李再看到不戴安全帽的工人总会礼貌性地询问，是不是安全帽大小不合适，或者戴着不舒服？然后他还会给工人们讲施工工地的安全事项，其中包括安全帽的重要作用，并且真诚地建议他们，佩戴安全帽是对自己和家人负责的行为。结果，这种方法收效甚好，工人们工作时都会主动戴上安全帽。

不同的方式，导致工人们前后两种不同的反应。小李起初的方式，使工人们产生逆反的心理，自然不会配合他的要求。后来小李礼貌性建议的方式，达到了自己想要的目的。

真诚地请求，而非强势地要求，这不仅维护了对方的自尊，还能令对方更加信服。不仅让对方更加容易改正错误，还能使对方喜欢合作。因此，我们应该发挥好真诚请求的功效，使我们的沟通和交流更加顺畅，人与人之间的关系更加和谐！

爱的练习题

（1）如果你的朋友犯了错，你会以怎样的方式要求对方改正错误呢？

（2）你喜欢他人真诚的请求还是冷酷的要求呢？

没有反馈的沟通是不完整的

能够虚心接受他人的意见，能够虚心去请教他人，才能集思广益。

心理学家郝洛克曾经做过一个著名的有关反馈效应的心理实验：

他将参与实验的人平均分为四组：第一组为激励组，每次工作后将予以鼓励和表扬；第二组为受训组，每次工作以后就对其存在的哪怕一点儿问题，都要严厉批评和训斥；第三组为被忽视组，每次工作后不予以任何评价，只是让其静静地听前两组受表扬或批评；第四组为控制组，将他们与前三组隔离开，并且每次工作后也不予以任何的评价。

其实验结果显示为：成绩最好的为激励组；成绩次之的为受训组；成绩未发生改变的为忽视组；成绩最差的为隔离组。而且同为成绩不错的激励组和受训组中，激励组的成绩上升得非常快，组员的积极性也明显高于受训组。

这个实验表明：及时的反馈意见能起到促进作用，特别是积极的正面的反馈还能带动对方的积极性。很明显适当激励要优于批评，而批评的效果又远比忽视和隔离的效果好。

这个反馈效应的实验提醒我们，有效的反馈是活动目标达成的必要条件，对于他人的活动必须及时进行反馈，包括日常的活动和交流，及时地反馈信息对我们的沟通也能起到非常重要的作用，如提问、建议、评价等等，它可以及时纠正沟通过程中存在的问题，有针对性地解决疑难，避免问题的积累。

成功学大师卡耐基曾说："所谓沟通就是同步。虽然每个人都有他的独特之处，但是与人交际则需要他与对方保持一致。"也就是说，沟通并不是一个人的事情，它是双向沟通的过程：表达者要将他想表达的信息、思想和情感，通过语言的方式传达给倾听者，而倾听者在接收这些信息、思想和情感以后，给对方做出一些反馈，如建议或评价，这样才能形成一个完整的双向沟通的过程。可以说，没有反馈的沟通是不完整的。

A是一家物流公司市场部新入的负责人，他早在一个星期之前就向操控部申请预定了一周的客户仓位，但是却迟迟没有得到答复。现在客户非常着急，给A打了多个电话询问仓位的事情，并声称如果还确定不下来，他们只好另找其他家公司了。

A没有办法直接找到操控部负责人，询问情况。操控部负责人也十分为难，他很无奈地对A说，申请早已提交到公司，但是直到现在他们都没有接到公司的反馈信息，他也无法向A保证一定能及时地补到仓位。他说关于此事，他已经向公司询问过多次，但始终没有得到回复。

原本对公司信心满满的A此时彻底失望了，他直接向公司递交了辞呈，带着其他几位得力干将和客户去其他公司发展了。

我们不难看出A所在的公司在沟通机制上出现了很大的问题，上下级之间，部门与部门之间根本没有形成有效的反馈机制，导致了在运营方面存在很大的问题，最后连员工都难以留住。可见反馈是多么的重要，它和一个公司运营的好坏是密不可分的。

沃尔玛是一家全球性的连锁公司，是全球营业额最大的公司。沃尔玛为何能够运营得如此成功，这和它内部的沟通反馈机制是分不开的。

沃尔玛推行了"open door"沟通反馈政策，凡是企业中的一员，在任何时间、任何地点都可以对公司的政策、规范等提出建议，或者投诉等一切自己发现的问题。并且他们还可以通过多种方式，随时随地向企业的管理者甚至总裁反馈信息。

沃尔玛上至总裁下至普通员工号牌上都没有职务名称，只有名字。公司无上下级之分，见面打招呼都不加职务，直呼其名。

在如此轻松的氛围内，员工们都非常愿意及时反馈自己的意见，也乐于坦诚地交流。因此，沃尔玛公司获得了很多沟通管理上的经验，而这些经验也给公司带来了巨大的经济效益。

只有及时、有效的反馈才能促进沟通顺利完整地进行，就如同上例中沃尔玛公司那样。沟通如果没有反馈，那么效果必定大打折扣。通过反馈，一方面可以提高沟通的针对性，减少信息的盲目性；另一方面，反馈还可以加强双方的心理沟通，使得问题可以在初始阶段被及时发现，从而彻底得到解决。

每个人应该乐于接受别人的反馈，反馈表明了你对表达者的尊敬，表明了你对表达者所述内容的兴趣。我们及时地给予对方反馈，会让对方更加愿意将他内心的东西告诉你，你对对方了解得越多，你就越能掌控整个沟通的进程。

既然反馈在沟通中起到如此重要的作用，那么，我们在反馈的过程中应该注意哪些方面的问题呢？

第一，要针对对方的需求。反馈要站在对方的立场和角度，针对对方的需求给予全面的反馈，如果你只是轻描淡写地说一下，那么极易给对方一种不重视、应付的感觉，会挫伤对方的积极性。

第二，要具体、明确。如果不具体、明确的反馈会让你的表达显得很空洞，对方也不明白你要表达的重点在什么地方，难以给对方留下深刻的印象。而且会表述得不够具体，会让对方感觉你是在发泄自己的情绪，更不利于问题的解决，反而会伤了和气。

第三，要有建设性。如果以全盘否定的方式给对方以反馈，不仅仅是向对方泼冷水，还很容易被对方遗忘，对方会对你的提议不屑一顾，从而导致沟通无法正常有效地进行。相反的，如果能给出有建设性的建议，更容易让对方心悦诚服地接受。对大多数人来讲，建设性的建议更容易接受，更能发挥建议本身的作用。

第四，对事不对人，将问题集中在对方可以改变的问题上。反馈应该就事实的本身提出，而不应该针对个人。反馈的时候，要针对对方所做的事、所说的话进行反馈，并且通过反馈让对方能够清楚你要表达的看法，如此才有助于改变对方的言行，加强彼此之间的沟通。

第五，要正确运用鼓励和批评。鼓励和批评都要把握好方式，不能有所偏废。鼓励很重要，但不能夸大其词；对于不正确的问题，批评时也要及时、慎重，不能讥笑嘲讽对方。要理解和尊重对方，凭借自己的智慧和敏锐的感觉恰当地对症下药。

爱的练习题

（1）沟通中，对方一言不发、毫无反应，你将如何应对？

（2）对方在表述问题时出现了明显的漏洞，你给予建议的时候将会如何把握好尺度，让对方不反感，乐于接受你的建议？

适当地恭维，是最好的赞美

杰作不会被埋没在遗忘中。笔的谎言或者恭维，也不会赋予坏书以生命。

古时候，有一个官员被调任到外地为官，临走之前，他去向自己的恩师辞别。

恩师叮嘱他说："到了外地一定要谨慎行事啊！外面可不比家里，无人照应，做官不易啊！"

官员笑嘻嘻地对自己的恩师说："没关系的老师，我已经想好了应对的办法。是人都喜欢听好话，我准备了100顶高帽子，见人就送他一顶，不至于会有什么麻烦的！"

恩师听到此话非常生气，以教育的口吻对学生说："我跟你说过多少次了，做人一定要真诚，对待他人更应该如此，你怎么可以有这种想法呢？"

官员故作歉意地对恩师说："老师息怒啊！我也实在是没有其他的办法了啊！你要知道，天底下像您这样不爱戴高帽的人又能有几个呢？"

恩师听自己的学生如此夸赞自己，得意地点头称是。

官员走出了老师的家门之后，便对自己的朋友说："我准备的100顶高帽子，现在只剩下99顶了！"

　　虽然上文中的这种做法并不值得大家的推崇，但我们可以看出，人们总是喜欢听好话，听别人对自己的恭维之词，就连以正直自居的老师也未能免俗，因为所有人都有一种获得尊重的需要，对权势和信任的需要，而适当的恭维恰恰可以满足人们这一心理需求。人总是喜欢被恭维，即使明明知道对方是在奉承自己，心中还不免沾沾自喜，这就是人性的弱点。也就是说，一个人受到他人的夸赞，绝不可能产生厌恶，除非对方说得太假、太离谱。

　　几乎所有人都喜欢别人称赞自己，说自己的好话，因此，适当的恭维显得尤其必要。但是恭维他人也要恰到好处，你要找到对方的心里需求点，再去赞扬他的好处，认同他某方面的"成就"，才能引起对方的注意，才能对你产生足够的好感，最终达到恭维的目的。

　　若要恰到好处地恭维就要透视对方的心灵，做到含而不露，领会对方的思想，揣摩对方的意图。而且要以很诚挚、认真的态度去恭维对方，才不会轻易地被对方识破，让对方产生不快的感觉。

　　小A接到了一家大型设计公司的面试通知，这是他一直梦寐以求的工作岗位。这家公司福利好，而且大有发展的潜力。

　　面试的当天，参与面试的人非常多，而且这些面试者当中还不乏一些硕士、博士等高学历者。在前面的面试中许多人的表现都非常出色，一时之间难以取舍。当小A进去面试的时候，负责面试的经理已经相当疲惫了。

　　小A进去之后，便对经理说："贵公司的装潢设计真是非常独特啊！"

　　原本正在打哈欠的经理，听到小A一进来就有如此一说，顿时来了兴趣，抬起头来饶有兴致地问道："哦！看来你对装潢设计很有自己的见解！那么，你就说说看我们公司的装潢有何独特之处啊？"

小A一本正经地说："这位设计者非常聪明，很懂得空间的合理应用。将原本不大的空间设计得如此合理、实用，所有的书橱、柜子都是隐藏式的，极大地减少了空间的利用率。而且，设计者对灯光的设计也非常在行，不但布局合理，还考虑到了员工视力的保护问题。由此看来，是一位相当有经验的优秀设计师啊！"

原来小A在等待面试的时候，通过和前台的小姐聊天，得知了许多公司内部的事宜，比如：这家公司的装潢全部都是由这个负责面试的经理亲自设计的。于是小A便仔仔细细、里里外外地将这些装潢的特点记在了心里。以此来恭维面试官。

经理听了小A的一番言论后，连连点头，对小A说："嗯！你的观察能力很强嘛！"

小A就这样直接被公司录取了。

小A为何会如此顺利地被公司录取，已经非常显而易见了。正是因为小A 以恰当的方式恭维了负责面试的经理。小A 适当的恭维不仅缓和了当时气氛，让经理的心情舒畅，还让经理对他产生了好感，让经理觉得他是一个非常善于观察，非常有职业素养的人。

喜欢听恭维话是人之常情。每一个人的内心深处都渴望得到他人的认可和尊重，而恭维正好满足了人类的这一需求。其实，恭维也并不是一件容易的事情，也许有人认为恭维就是所谓的阿谀奉承、溜须拍马，实则不然。阿谀奉承和溜须拍马只是技艺拙劣的高帽工厂加工的伪劣产品，这些根本就称不上真正的恭维。恭维不仅仅是给对方戴高帽，还要把握好高帽的尺寸。如果把握不好，言过其实，就会让对方觉得反感，往往会适得其反，达不到最终的目的。

在我们日常的交际中，恭维是很重要的一种沟通手段，它可以在瞬间连通人与人之间的感情。恰到好处的恭维，不仅能使双方的感情和情谊在不知不觉中得到增进，还能调动交往的积极性。我们如何才能做到恰到好处的恭维呢？

第一，要注意时机和场合。只有当对方愿意听、喜欢听的时候，我们再去恭维他，对方才会乐于接受，从而达到沟通的效果。

第二，要注意尺度。不要太夸张，不要违背现实，不要太过分，太过的恭维会给人带来虚假的、不真实的感觉，往往会令人反感。

第三，要有根据，要发自自己的内心。其实可以恭维的内容非常多，如相貌、体态、个性、品德、能力、兴趣爱好等等，这些有事实根据的恭维更容易让人信服。

第四，要分清对象，区别对待，用词恰当。比如：你对一个西方女性，即使她的年纪很大，你形容她漂亮、性感，她都会很高兴，但是面对东方女性，哪怕她仅是一位中年妇女，听到性感这个词，她都会认为你是在讥讽她；你面对一个事业有成的人，你可以恭维他很有能力，并预祝他取得更大的成功，但如果对方刚刚受到挫折，你恭维的语言就应该变成一种鼓励。

恰到好处的恭维在人们的生活中不但是良好沟通的润滑剂，还是人际关系中的解毒散，许多尴尬的事情都可以用它一一化解。适当的恭维会令对方心生暖意，也会让自己摆脱言语的困境，我们何乐而不为呢？

爱的练习题

（1）你觉得恭维是一种值得提倡的行为吗？

（2）面对他人对你的恭维，你会作何反应？

与人为善，才是沟通之道

心地善良的人，富于幻想的人，比冷酷残忍的人更容易聚合。

孟子曾说过："君子莫大乎与人为善。"与人为善是中华民族的古训，是做人的重要准则之一，还是德在生活中的一种具体表现。如何做到与人为善？其实就是要善待他人，要有一个宽广的胸怀和包容的心态，能够正确地认识自己并大度地理解他人。我们应该学会与人为善，和他人融洽地相处，不仇视、不嫉妒、不贪心、不攀比，不求回报地用真心去对待他人，并努力改正自己的缺点，发现他人的优点。特别是在当今的社会中，人与人之间的互动越来越密切，只有善待他人、帮助他人，才更容易处理好与他人之间的关系，促进彼此之间的沟通与交流。

然而，在现实生活中，很多人却不受欢迎，甚至令人厌恶，很多情况下并不是对方故意与他们过不去，而是他们在与人交往的时候，不懂得与人为善。他们总是心胸狭隘、不怀好意，将所有人都当成自己的敌人；他们总是嫉妒比自己好的人，歧视比自己差的人，睚眦必报，恶意伤害他人；他们总觉得全世界都欠他的，不想付出，只想索取，不断与他人争执，甚至故意制造矛盾。这种人往往都很可悲，他们体会不到生活真正的乐趣，也体会不到人与人之间交流的快乐。

在我们的工作和生活中，只有与人为善，真心地与人交往才能获得他人的支持与帮助，才能收获理解和成功。

小王下岗以后，在水产市场租了个摊位，做起了水产生意，但是由于脾气暴躁，又不善经营，因此生意一直冷冷清清。经常一整天也卖不出去几条鱼。但是隔壁摊位的小张生意却非常红火。

这天，眼看就要到午饭的时间了，小王还是一条鱼都没有卖出去，而小张一边卖着自己的鱼，还一边忙着给顾客称旁边泡发好的鱿鱼。看得小王是羡慕嫉妒恨啊。

吃午饭的时候，小王忍不住向小张问道："你生意这么好，怎么还有时间帮忙照顾别人的生意？"

小张笑了笑说："我没照顾别人的生意啊！都是我自己的！"

小王惊讶地问道："都是你的，鱿鱼不是外地老头儿的吗？"

原来，有一个外地来的老头儿曾在小王的摊位旁卖鱿鱼，但是小王担心会影响自己的生意，不顾对方的哀求，强行将对方赶走。小张见状便主动让外地的老头儿在自己的摊位上卖鱿鱼。因为外地老头的鱿鱼价格便宜，发泡的又好，生意非常好，带动着小张的生意也好了起来。

小王满脸不屑地说："看来，那个老头是被你赶走了啊！"

小张赶忙解释道："我可没有将他赶走，是他老人家年事已高，又思乡心切，便将发泡鱿鱼的技术传授于我，自己回家养老了。"

看到小王一脸不可思议的神情，小张又说："我的生意能够这么好，其实完全是托你的福啊！"

小王不解地问："你生意的好坏关我什么事啊！"

小张回答道："若不是当初你强行将他赶走，让他无处落脚，又怎么会有我今日的生意兴隆呢？"

听了小张的话，小王的内心是又生气又后悔，一想到自己亲手将贵人送给了小张，肠子都悔青了。

因为小张与人为善，真心地对待外乡的老人，才得到了对方的支持和帮助；而小王心胸狭隘，与人为恶，才会与财富失之交臂。所谓"赠人玫瑰，手留余香。"我们与人交往的时候，对他人多一份理解与宽容，其实就是对自己的支持与帮助，与人为善也就是与己为善。

与人为善是人们内心深处的一种珍贵品质。在日常生活中，每个人都渴望得到爱与温暖，每个人都期待赢得认可和共鸣，其实只要我们能够与人为善，付出真诚和友善，我们就能从中得到意想不到的收获。

20世纪，美国华特公司的工人为了迫使公司增加薪资，组织了大规模的罢工活动。但是，当时身为总经理的布莱克并没有生气、指责和威胁那些工人，与之相反的是，他还称赞了那些罢工的工人，甚至还在主流报纸上刊登文章，说他感谢那些工人没有采取极端的方式，而是采取了罢工这种和平的方式。他认为工人们的这种和平方式更加有利于事情的解决。

当布莱克看到罢工的工人们闲得无聊时，为了让他们打发无聊的时间，布莱克还为他们买来了棒球棍和手套，并邀请他们一起打棒球。不仅如此，为了那些喜爱打桌球的工人，他甚至还租下了一家桌球室。因为布莱克为人友善，又很为工人们着想，很快他便和那些罢工的工人们成了很好的朋友。

没过多久，布莱克的这种友善态度就收到了很好的成效，那些罢工的工人们全都被布莱克的友善行为感动了，他们做出了让步，降低了他们原来的要求。

后来，他们不但停止了罢工，还借来了清扫工具，开始打扫因为罢工而混乱不堪、垃圾遍地的工厂，一个个高高兴兴地回到工厂去上班。

就这样，这场罢工在没有冲突、没有流血，劳资双方一起打打棒球、打打桌球的和平氛围中愉快地结束了。这根本就不像是一场罢工，倒像是一场大型聚会。如此的罢工形式在美国的罢工史上可谓前无古人。

布莱克绝对是一个聪明的领导者，他没有以强硬的方式镇压罢工的工人，而是采取了一种温和的、友善的方式去感化对方。很显然，他的选择是正确的，因为强势的镇压也许能起到一时的效果，但是长久的、根本的问题却得不到解决。只有选择温和的、友善的方式来感化对方，才能与对方建立起友好的关系，从根源上解决问题。

与人为善是做人的一种积极、有意义的行为。友善地面对他人，可以为自己创造一个宽松、和谐的人际环境，当我们以友善的态度面对他人的时候，对方也会以同样的态度回报我们。因此，若想拥有一个健康、和谐的人际关系，与人为善是先决条件。

当然与人为善，并不只是口头上说说而已，应该付诸于平时的一言一行，因此，我们与他们交往时应该做到以下几点：

（1）对人要宽容。我们只有宽容他人，他人才会宽容我们，我们在与人相处的过程中不能轻视、怠慢对方，即使对方出现了过错，也要得饶人处且饶人，不耿耿于怀、伺机报复。要学弥勒佛那种"大肚能容天下难容之事"的胸怀，就没有什么是不能够宽容的。

（2）对人要谦逊。即使自己的能力在对方之上，也不要自满、自傲。就算对方只取得了很小的成绩，也不忘赞美对方，给对方以自信。要学会将荣耀的光环戴在他人头上。

（3）对人要坦诚。坦诚是与人交往的原则，如果我们不小心做错了事情，伤害到了对方，我们应该坦然地承认自己的错误，这样更容易得到对方的谅解，才能保持彼此之间良好的关系。

（4）为人要大度。"量小失众友，度大集群朋。"一般度量大的人都识大体、顾大局，以一颗包容之心去善待身边的人与事；而度量小的人，往往心胸狭隘，很难与人为善，又怎么可能会交到真心的朋友。

（5）为人要真诚。真诚地对待他人，才能够延续持久的人际交往关系。人与人之间真诚相待，有利于彼此之间相互信任、理解、接纳，如此才能更加友好地相处。

（6）要平等待人。人与人之间应该平等相待，不要有高低贵贱之分，要一视同仁、相互尊重。不要对领导溜须拍马，对下属趾高气昂。尊重是相互的，当我们尊重他人的时候，他人自然也会尊重我们。没有平等就没有正常的交往。

（7）为人要和蔼。每个人都喜欢与态度和蔼、为人友善的人交往。如果你横眉竖眼、气势汹汹，只会让对方拒你于千里之外。因此我们要为人和蔼，才能拉近彼此之间的距离。

（8）学会忍耐。在我们与人交往时，难免会遇到一些不顺心的事情，每当这时，我们应该控制好自己的情绪，不要轻易发泄自己的愤怒。所谓"忍一时风平浪静，退一步海阔天空。"

爱的练习题

（1）一个与人为善的人和一个与人为恶的人，都想和你交朋友，你会选择谁做你的朋友呢？为什么？

（2）你是一个友善的人吗？如果是，那么友善在人际交往中给你带来了怎样的影响？

微笑拉近两个人之间的距离

当你微笑时，世界爱了他；当他大笑时，世界便怕了他。

现代生活节奏日益加快，竞争也日趋激烈，人们往往忙得不可开交，根本无暇去顾及他人。正是在这样的情况下，人们才迫切需要他人的关怀，需要一个温暖的微笑。

不管你来自哪一个国家，说的是哪一种语言，都有一种语言是人类通用的，那就是微笑。微笑是一种潜在的能量，它是人类特有的一种微表情，具有一种超脱言语的感召力。正常情况下，我们不会对那些冲自己微笑的人恶语相向。人际交往中，一个面带笑容的人总是比一个面无表情的人更加受人欢迎。微笑是化解双方矛盾的灭火器，是传情达意的捷径，它能够带给对方温暖和愉悦。

拿破仑·希尔曾经这样总结过微笑的力量："真诚的微笑就如同神奇的按钮，能立即接通我们与他人之间友善的情感。它好像在告诉对方：我喜欢你，你愿意做我的朋友吗？同时也在对对方说：我觉得你也会喜欢我的。"

在生活中，微笑不仅能让自己的心情愉悦，还能给对方留下良好的印象，让自己处处受益。

一个歹徒恶狠狠地推开了A小姐的家门。A小姐看到歹徒手里提着刀，突然灵机一动，微笑着对歹徒说："帅哥！你是推销菜刀的吧？刚好，我正需要一把！"A小姐一边说一边请歹徒进屋。

"你真像我之前的一位好邻居，他为人特别好！能见到你真是太高兴了，要不要来杯咖啡？"A小姐微笑着问歹徒。

原本面带杀气、恶狠狠的歹徒，这时慢慢变得腼腆起来。他不好意思地对A小姐说："谢谢！谢谢你！"

A小姐不但端上了咖啡，还真的买下了那把准备对她行凶的刀。

歹徒看到A小姐递过来的钱时，虽然有些迟疑，但还是收下了。在他离开的时候，他诚恳地对A小姐说："谢谢你！你的微笑融化了我的心，也改变了我的一生！"

试想如果A小姐没有灵机一动对歹徒微笑，那么她极有可能会被歹徒杀害。微笑可以融化一个人冰冷的内心，可以让一个人及时悬崖勒马。给对方一个微笑，你将会有意想不到的收获。

在工作中，微笑是最简单、最有效的沟通方式。

B是一个餐厅服务员。每到用餐时间，餐厅都会非常忙碌。

一天中午，B正在给客人点菜的时候，隔壁桌的一位客人让B给他加一道菜。B很礼貌地答应了对方。

因为实在是太忙了，十几分钟之后B才将菜送到客户的面前，并且面带微笑地对客人说："先生实在是抱歉，让您久等了！"这位客人满脸不悦，指了指餐桌上的饭菜，说道："你是要等我们吃饱了再上吗！就你这服务态度，谁还愿意到这儿就餐！"

面对客人的埋怨，B并没有心怀不悦，依然微笑地为客人服务。在接下来的时间，每当B路过这个客人的餐桌旁，总会面带笑容地询问他是否还需要其他的服务，并热情地为对方送上开水。

就餐结束之后，客人让B把经理叫了过来。B心想，这位客人看来是要投诉她了，但她依然非常礼貌地、面带微笑地对客人说："先生！我再一次向你表示真诚的歉意！你批评得对！欢迎你的批评指正！"

令人没有想到的是，这位客人居然是这家餐厅真正的大

BOSS。他不但没有向经理投诉B，还对B的微笑服务大加赞赏，并且要求其他职员都要向B学习这种微笑服务。

真诚的微笑往往能够弥补遗憾，冰释我们与他人之间的误解，就如上例中的B，用微笑化解了对"客人"的不满。

美国著名推销员富兰克林·贝特格就因为工作中善于微笑而获益良多，每次与人见面时，他总会面带微笑地去和对方交谈。他的经验告诉我们，一个面带微笑的人永远受他人欢迎，微笑可以充分表达你对对方的善意和信任。

俗话说"笑一笑，十年少"，这句话并不仅仅说明微笑可以让人年轻，同时也说明了微笑可以带来好的心情、好的人缘和好的运气。尤其是在人际交往的过程中，微笑是一种极具感染力的交际语言，也是沟通的制胜法宝。

在与人交往沟通时要笑得自然。微笑是我们美好心灵的外在表现，所以微笑必须发自内心，才能笑得自然、笑得亲切、笑得得体、笑得美好。绝对不可以为了笑而笑，也不能假装笑。

在与人交往沟通时要笑得真诚。人们对微笑的辨别能力都是非常强的，往往仅凭借自己的直觉就能敏锐地判断出一个人的微笑代表着什么意思，是否出自真诚。因此，我们在微笑的时候，一定要真诚。真诚的微笑可以让对方感到温暖，可以引起对方的共鸣，从而加深彼此的感情。

微笑有不同的含义，要因人而异。在与不同的人交往沟通时，要使用不同含义的微笑来表达不同的情感需求，比如：面对长辈应该给予尊重、真诚的微笑；面对孩子应该给予关爱的微笑；面对自己心爱的人可以给予暧昧的微笑；等等。

微笑还要注意不同的场合。微笑虽然可以让人觉得心情舒畅，让人受到欢迎，但也是要注意场合的，否则就会适得其反，往往达不到自己想要的结果。比如，我们出席一个比较庄重的场合时，微笑有时就不太合时宜，甚至会招致他人的厌恶。

微笑要恰到好处、程度合适。微笑是对他人的一种尊重和礼节，我们提倡大家平时多笑笑，但并不是建议大家无时无刻都要微笑。微笑要恰到好处，不能太过，比如，对方在发表意见的时候，你可以一边听一边认可地点头微笑，切不可肆意的、过分的、毫无节制地大笑。不然的话，不但会有失自己的身份，还会令对方反感。

请不要吝啬你的微笑了，微笑是你唇边盛开的一朵美丽的花，能够为你的人生增加色彩！

爱的练习题

（1）如果两个人同时请求你的谅解，一个人微笑着请求，另一个人面无表情地请求，你更愿意去谅解谁呢？

（2）你是一个喜爱微笑的人吗？如果是，你觉得微笑给你带来了什么好处？

真诚有时比技巧更管用

人与人之间，只有真诚相待，才是真正的朋友。谁要是算计朋友，等于自己欺骗自己。

　　真诚是人际沟通的第一要素，也是与人深层次交往的必要条件。语言的魅力源于真诚，如果我们与他人交谈的时候，只追求华丽的辞藻，而缺乏诚挚的感情的话，虽然能骗得了对方的耳朵，却无法长久欺骗对方的心。试想，当对方察觉被你欺骗了以后，对方会有何感想，他一定会对你反感至极，以后你说的所有的话，对方可能都不会再相信了，那么你们之间的关系也可能因此止步，所以若想和对方保持长久、友好的关系的话，真诚非常重要。

　　唐代著名的诗人白居易曾说过："动人心者莫先乎情。"真诚炽热的情感能够让"快者掀髯，愤者扼腕，悲者掩泣，羡者色飞。"真诚地与人交谈是成功的第一步。曾经打败过拿破仑的库图佐夫，在写给卡捷琳娜公主的信中说过："您不是想知道我是以何种魅力来凝聚如此多的朋友的吗？我要告诉你的是，这种魅力就是'真实、真情和真诚'。"真诚，很多时候往往比甜言蜜语或溜须拍马更能打动对方。

　　　　北宋著名词人晏殊就是以说话真诚著称。

　　　　晏殊自幼便聪明好学，5岁便能吟诗作，赋有"神童"之称。张知白听说此事，便将晏殊推荐给了真宗皇帝。第二年，14岁的晏殊和来自全国各地的考生一同入殿参加考试。

　　　　参加殿试的时候，宋真宗给晏殊出了一道题目，晏殊看完题目之后，便上奏说："陛下，这道题目我前些天已经做过了，还请陛下另外给我出道题目吧！"晏殊的才华和真诚受到了宋真宗的赏识，便赐予晏殊同进士出身，授其秘书省正事，留秘阁读书深造。

　　　　晏殊在京任职期间，每到节假日，京城的大小官员都喜欢到处吃喝玩乐。而晏殊却因为家境贫寒，没有多余的钱财外出玩乐，便与一些同样贫寒的朋友们一起闭门读书。

有一次，宋真宗决定让晏殊担任辅佐太子的职务，遭到了大臣们的反对。宋真宗解释道："你们这些人，经常外出玩乐，唯有晏殊整日闭门习书，如此好学之人，难道不是最合适的人选吗？"大臣们听罢，都闭口不言，此时，晏殊却在谢恩之后对宋真宗坦白道："陛下，其实我也是喜欢玩乐之人，只是因为手头拮据，如果我有钱的话，也早就像众位大臣一样外出游乐了！"宋真宗显然没有想到晏殊会如此真诚地坦白自己的想法，从此对晏殊更加赏识和信任了。

由此可见，真诚地与人交流，往往更容易获得对方的信任，晏殊就因为说话真诚，得到了宋真宗的赏识。真诚的言语，不管是对说话者还倾听者来说，都非常重要。语言的魅力，不在于言语本身有多么的华丽，也不在于说话的语速多么流畅、滔滔不绝，而在于你是否善于表达出自己的真诚。那些销售业绩突出的人，就不见得是口若悬河的人，而是善于表达自己真情实感的人。

潇潇是一个相貌平平的楼盘销售人员，在一群漂亮的同事之中，一点都不出众。但就是这个看上去毫不起眼的女孩，却缔造了整个公司的销售神话，很多同事都以她为楷模。有人出于好奇，问她的售楼秘诀是什么，她却只说了两个字"真诚"。

潇潇刚来公司的时候，有些羞涩也不善言谈，楼盘的销售经理并不看好她，就连给她做培训的资深销售都说她在这肯定待不长。

在一次午休的间隙，其他的销售员们都凑在一起聊天，这时一位穿着朴素的中年妇女走了进来，其他的销售员们，从上到下打量一番，感觉根本就不像是买得起房子的人，便无一个人愿意接待。经理见无人招呼，便让潇潇去招呼一下客人。

潇潇心想："进门就是客，不管对方买不买得起房，我都应该以诚相待！"于是潇潇便热情地带着那位客户四处看，并且耐心地解答客户提出的问题。没想到那位客户竟然一口气买下好几套房子。

之后，这位客户告诉潇潇："她虽然很有钱，但是她并不喜欢华服傍身，她还是觉得衣着随意点比较舒服。但就因为她的衣着随意，之前她每次去看房子，销售员们都不乐意搭理她，后来发现她很有经济实力，就变得相当热情，这让她感到非常反感，因此干脆就不买了。没想到潇潇并没有以貌取人，热情、真诚地接待她，令她非常感动。"

从那以后，潇潇总结出一个道理，绝对不可以看人下单，不管是什么样的客户，都要真诚以待。

真诚地对待他人，他人也会被你的真诚所感染，并用真诚回报你。潇潇因为真挚热诚地对待自己的客户和工作，才取得了这么好的销售成绩。

我们身边有些人与他人相处起来如鱼得水，而有些人却人缘很差。也许你会说，前者比较懂得与人相处的技巧，但是不管技巧再好，时间久了，总会露陷的，只有真诚待人才能拥有真正的好人缘。除此之外，真诚的好处可以概括为以下几点：

（1）为人真诚能交到知心的朋友。

（2）为人真诚能让自己变得更加快乐。

（3）当我们真诚对待他人时，也能得到对方的诚心相待。

（4）真诚可以感染到身边的人。

（5）真诚是一种内在美。

（6）真诚能化解与他人之间的仇恨，拉近与他人之间的距离。

那么，在现实生活中，如何才能做到真诚待人呢？可以注意以下几点：

（1）待人要诚实厚道，做事要本本分分。

（2）乐于助人，善于发现他人的优点，并乐于接纳他人。

（3）要有一个良好的心态，礼貌谦虚，理解和体谅他人。

（4）善于拒绝自己做不了的事情和承担不了的责任。

真诚是与人交往中一种高尚的品德，是人与人之间深层的心灵沟通，我们真诚地对待他人，他人必以真诚相报！

爱的练习题

（1）面对他人的真诚相待，你会作何反应？

（2）你觉得真诚在你的人际交往中有没有起到积极的作用呢？如果有，请列举出来。

08

有话好好说，生气解决不了问题

别光顾及自己的感受

一个自私自利的人永远成不了大事，相反，与人为善、心胸开阔、互助互爱，再大的困难也只是迈向成功的绊脚石。

美国作家肖恩·柯维认为："交流和影响他人的所在：首先就是要理解他人的感受，然后再努力争取他人来理解自己的感受。"大家都知道，每个人都有被尊重和认同的需要。而我们能感受到自己被尊重、被认同，很大程度上取决于我们自身的感受有没有被他人关注。所以我们在与他人交往的过程中，不要只顾着自己的感受，也要多多关注对方的感受，只有真正地关注到对方的感受，才是真正地尊重和重视对方，才能让对方从心里接受和信任你。

关注对方的感受，就如同拥有了一把神奇的钥匙，它可以打开我们与他人交往的大门。

A女士是一位久居法国的华人，她远离家乡，在法国经营一家服装厂。这儿有一位年轻人，整天以沿街说唱为生。

A女士经常会到一家餐厅用餐，这位年轻人也经常会到这家餐厅为客人们说唱，他们会在这家餐厅相遇，时间长了，彼此就成了十分熟悉的朋友。

　　A女士是一个心地善良，乐于助人的人。有一天，她十分关切地对这位年轻人说："你不要再沿街说唱了，你应该去做一个正当的职业。我可以介绍你到中国去工作，在那里，你完全可以拿到比在这里高得多的薪水！"

　　这位年轻人，非常惊讶A女士会如此建议他，他先是愣了一会，然后不悦地反问道："难道我现在从事的不是正当的职业？我很喜欢我现在的工作，它给我和周围的人带来了欢乐，有什么不好？你为何要我抛弃家人、抛弃朋友，远渡重洋去做一份我不喜欢的工作！"

　　这位年轻人顿时有了一种被轻视和不被理解的感觉。而且他也不明白，为了多赚一些钱，就抛弃亲人和朋友，远离自己的家乡，去做一份自己不喜欢的工作，有什么值得他人羡慕的？在他心中，能和自己的亲人、朋友一起，平安、快乐地生活才是最幸福的一件事。

　　直到这时，A女士才突然意识到，她并没有顾及到这位年轻人的感受，也没有真正理解他。A女士虽然是一番好心，却办了件坏事。

　　每个人都期望能够得到他人的尊重，期待自身的价值能够得到他人的认可。只有得到了尊重和认可，人们才能够感受到真正的爱与理解，我们才能够向他人敞开自己的心扉。

　　如果我们忽视了他人的感受，不理解他人的想法，就会像上例中的A女士一样，让对方感到不被尊重和认可，让对方感觉不舒服。即使是自己认为快乐的、幸福的事情，如果不考虑对方是不是喜欢、愿不愿意接受，就将自己的想法强加于人，那么对方也不会领情，甚至会拒绝、反感或者反抗。这也就是我们常说的"好心办坏事"！

如果我们能够顾及到他人的感受，往往很容易与他人建立起良好的人际关系，做起事来也将事半功倍。

日本著名企业家松下幸之助，有一次在一家餐厅招待和自己有生意往来的客人。他们一行人都点了牛排。

等其他人的主食都吃完的时候，松下却让助理去将主厨叫来，并且特别强调："不要叫经理过来，一定要叫主厨过来！"

这时助理注意到，松下的牛排仅吃了一半，心想，过会的场面一定会很尴尬。

主厨知道自己的客人来头不小，所以非常紧张。"是不是牛排不合胃口？"主厨小心翼翼地问道。

"你的厨艺非常好！"松下说道："牛排非常好吃，但是我却只能吃掉一半。并不是你厨艺不好，而是因为我年事已高，胃口也大不如前了！"

主厨和其他几位用餐的客人完全被松下的话搞糊涂了，完全搞不清楚松下将主厨叫过来的原因。

这时，松下很诚恳地对主厨说："我想当面和你谈谈，并不是因为你做的牛排不好吃，而是因为我担心，你看到吃了一半的牛排被送回厨房，你心里会难过！"

听完松下的解释，大家突然都明白了，松下将主厨叫过来完全是考虑到主厨的感受，不想让主厨因为他的缘故而伤心。

在场的那几位生意伙伴，现在更加钦佩松下的人品，也更加乐意与松下做生意了！

如果你是那位主厨，你听到松下如此贴心的话语，你会作何感想呢？你是不是会倍感温暖，是不是有一种被重视、被尊重的感觉。

在现实生活中，如果你很在乎一个人，你就会对他的感受和情绪特别敏感，你肯定会时时刻刻关注着对方的举动；但如果你面对的是一个陌生人，你根本就不会去注意他，更不会去关注他人的感受。我们每一个人都希望自己是他人在乎的那个人，都希望可以得到他人的关注和尊重。

我们只有顾及到他人的感受，才是真正地尊重和理解对方，才能让对方接受你、信任你，愿意听取你的建议和意见。才能让你与他人的相处更加顺利！

那么，我们怎样才能更好地顾及到对方的感受，和谐地与他人相处呢？

首先，要经常与对方谈心，让彼此能够理解对方。彼此相互了解，是两个人能够长久相处最重要的一点。其次，不要以自己为中心，不要什么都要求别人服从自己，以一种"唯我独尊"的姿态去面对他人。我们只顾着自己的感受，就很难听到不同的声音，就会失去判断事物的客观性，也难以得到别人的认可。

再次，要尊重对方。不光是在言语和措辞上尊重对方，还要尊重对方的思想和行为。特别是有其他人在的时候，一定要给对方足够的面子，不要刻意贬低对方，要尊重对方的意见。如此，对方才能有一种被尊重的感觉，才能促进彼此关系的稳定发展。

爱的练习题

（1）如果你的爱人做任何事情都不在乎你的感受，你会作何感想？

（2）你觉得一个只顾自己感受的人能够交到真正的朋友吗？为什么？

不要随便给对方贴"标签"

每当你想评论别人的时候，要记住，这世上并不是所有人，都有你拥有的那些优势。

　　一个作家为了能更加深刻、形象地塑造一个好吃懒惰、穷困潦倒的小说主人公形象，便来到一个偏僻的山村寻找灵感。

　　一日，他在田间看到一个衣着褴褛的老人，正坐在一把椅子上给一小块田地除草，而老人的身后是一间十分破旧的小棚屋。

　　此时，作家兴奋极了，他认为这就是他要找的主人公原形。现在，作家恨不得立马赶回家，坐到电脑前将眼前的这个场景赶紧记录下来。

　　当这个作家绕过小棚屋，走到泥泞的小道时，他从另一个角度朝着老人又看了一眼。仅仅是这么一眼，让这个作家惊愕地停下了脚步。原来在老人另一边的地上，放着一副拐杖，而老人的另一条裤腿则空荡荡地垂到了地上。

作家顿时感到万分懊恼，而那位原本在作家心中好吃懒惰的老人，也瞬间变成了为了生存而不屈不挠的高大形象了。

自那以后，作家再也没有对仅见过一面，或交往不深的人随便下结论或判断了。

在没有全面了解一个人或一件事之前，千万不要妄下结论，否则就会像上文中的作家一样，对老人做了错误的判断。每个人或每件事都有它的多面性，如果仅仅凭借肤浅的认知就给对方下结论，那么这个结论多半也是荒谬的。

我们总是热衷于评论某个人或某件事，但往往都是片面的，大多数情况下，我们只是站在自己的角度对他人指指点点罢了，从来没有设身处地为他人着想过。因此，请不要随便给他人下结论，给对方贴"标签"。你并不是他，并没有真正了解他，即使对方是你最亲近的人，你有信心说你真的了解他吗？更何况，对方往往是你不太熟悉的人呢？

如果随意给他人下结论，往往会让对方感到非常的反感，就像很多时候，我们自己也很讨厌他人随意评论自己一样。我们都希望能够得到他人的认同、赞许，没有谁会希望被他人误解，遭到他人的诋毁。如果想与他人建立起良好的关系，那么，我们就应该杜绝随意给对方贴"标签"，这种陋习。我们应该站在对方的角度，全面了解他人，千万不要未经考虑就妄下结论。如此草率，伤害的不仅仅是对方，很有可能还会导致你错过一个非常不错的朋友或恋人。

L和M是同一批进入这家公司的同事，因为年纪相仿，又都是外地人，因此，她们俩的关系非常好。M比L大几个月，所以平日就像姐姐一般照顾L。

转眼间，她们相识都已经八年有余了，包括M在内所有年纪相仿的人全都找到了自己的另一半，只有L还是单身一人。M为此一直像姐姐般帮L操着心。

刚好，那时M的部门新调来一个单身男士，风趣幽默、人品也相当不错，各方面条件都非常优秀，年纪也很合适。于是M便在这位男同事面前极力夸赞L，例如，善良、单纯、孝顺、厨艺好、还会照顾别人，等等。最终，这位男同事终于动心了，答应会主动去追求L。

就这样，没过几天，M见到L后，问她与那位男同事的进展如何，谁知，L张口就说他们之间是不可能的。M追问其原因，得到的答案竟然是，那位男同事是H省的人，而她不喜欢H省的人，而且还举出了一大堆听到的、看到的一些关于H省的人所做的一些令她讨厌的事例，以此作为她拒绝对方强有力的证据。

M感到非常无语，她极力地劝说，但依然改变不了L的想法。

仅仅因为不喜欢H省的人就拒绝与对方交往，是非常荒唐的一种行为。就因为对H省主观、片面的不良印象，取代了那位男同事具备优秀品质的客观现实，从而拒绝与对方进一步的交往。在没有完全了解对方的情况下，就妄下结论，给对方贴上一个不好的"标签"是多么愚昧而无知的行为。你可以不去了解对方，也可以不喜欢对方，但是不要因为自己某个貌似坚定的原则，而将对方全盘否定，这是一种对自己、对他人都非常不负责任的行为。

没有调查，就没有发言权。如果你没有全面了解一个人，就不要随意做出判断。仅因为片面的印象就妄下结论，无异于管中窥豹、盲人摸象。我们每个人都是一个独特的个体，都有优点和缺点，我们所能做的就是，在交往的过程中深入了解对方，对其各方面的特质进行归类权衡，在心中进行全面的评估，然后再去判断对方是一个怎样的人。这样不仅是对自己负责，也是对他人的尊重，如此才不会留下任何的遗憾。

那么，我们在与人交往的时候，如何才能做到客观地评价对方呢？

（1）首先应该学会去尊重对方。虽然每个人都存在着差别：有的富贵，有的贫穷；有的善良，有的邪恶，等等。但是大家都是平等的。存在观念上的差异，可以通过交流来解决，但是不要随意给对方下结论，即使你没有恶意，也会让对方感到不悦，甚至给对方造成伤害。应该学会尊重对方，只有尊重，才能够让对方敞开心扉与你交往，才有助于你更好地了解对方，加深交流，增进感情。

（2）要学会去相信对方。如果他人对你不信任，总是怀疑你的所作所为，你会有何感受呢？我想，你一定会非常不悦，会将自己封闭起来，不愿再与对方交往。反之，他人也会与你有一样的想法。因此，只有相信对方，才能有机会真正地了解对方。当然，相信对方并不是要完全放弃自己的戒备心，毕竟社会上还是有很多不怀好意的骗子。

（3）要学会站在对方的角度看问题。站在自己的角度，仅凭自己的主观意识去看待对方，永远看不到对方真正的一面，只有站在对方的角度才能真正了解对方，才能避免对他人的误解，客观、公正地去评价对方。

（4）要查其言，更要观其行。现实生活中总有一些人，是表里不一的，说一套做一套。因此，我们不能肤浅地评价对方，也要在相处的过程中，观察对方的所作所为，如此才能更加公正、全面地认识对方。

（5）不要过于苛求对方。古语有云："金无足赤，人无完人。"我们应该允许对方偶尔犯点小错。每个人都是单独的个体，没有两个人完全一样，即使是同卵的双胞胎兄弟。因此，在评价他人时，应该从与人为善的角度出发，在与标准做比较的同时，应该着重将对方的现在和过去作比较，只要他比以前有进步，我们就应该给予对方肯定和鼓励。

人生已经如此艰难，我们永远不可能完全了解他人都经历过什么，因此，请不要随意给他人下结论、贴"标签"。即使真的要贴，也要经过全面的了解，深思熟虑了之后再贴。贴准了，那是精准打击，贴错了，那是伤及无辜，和造谣、诽谤毫无差别。

爱的练习题

（1）有没有别人给你乱贴过"标签"？如果有，你会作何感想？

（2）如果你随意给对方贴"标签"，那么你觉得对方还能好好与你相处吗？为什么？

愤怒时，请给自己一点时间

不管发生什么事，都要冷静、沉着。

"司马光砸缸"的故事在中国可谓家喻户晓、耳熟能详：司马光是北宋时期著名的政治家、文学家、史学家。在司马光七岁那年，有一次，他和几个小伙伴在花园内玩耍。花园内有假山，假山下面有一口大水缸，缸内积满了水。有一个小伙伴爬到假山上玩耍，一不小心掉进了假山下的大水缸中。其他的小伙伴全都慌了，有的哭、有的喊，有的跑去找大人。只有司马光没有慌，他非常沉着冷静地举起旁边的一块石头，向大水缸使劲地砸去，没几下就将缸砸破了。缸内的水流了出来，掉进缸内的小朋友也因此得救了。

司马光正是凭着自己的沉着冷静和临危不惧才救出了自己的小伙伴。如果他遇事慌张，没有沉着冷静的辨别意识，等到大人赶来的时候，缸内的小伙伴可能早就被淹死了。

因此，我们在遇到一些不如意的事情时，不要急躁，更不要愤怒，一定要沉着冷静地去面对，给自己一点思考的时间，才能更好地解决问题，避免一些不必要的麻烦。

我们常常会听到"以静制动""静观其变""以不变应万变"，说的就是为人处世要沉着冷静。只有沉着冷静、理智地应对，方能解除危机，走出困境。如果过于浮躁，控制不好自己的情绪，那么最终崩溃的也许就是你。很多时候，我们总是会遇到一些变故或是始料未及之事，我们更应该沉着冷静，时刻让自己的大脑保持清醒，如此才能保持清晰的思维，才能客观地对发生的事情做出准确的分析和判断。

沉着冷静是一种生存的品质。一个内心沉着冷静的人，往往是最具智慧的人。

亚伯拉罕·林肯是美国第16任总统，他出生于美国一个贫苦的家庭。由于他出身卑微，一些不怀好意的贵族常常会拿他的身世羞辱他。

　　在竞选总统的前夕，就曾有一个参议员为了能让林肯退出竞选，在公开场合故意地羞辱林肯："你只不过是一个鞋匠的儿子，你不去做鞋，为何要出现在这种场合？"

　　换作其他人，面对如此的羞辱，也许早已恼羞成怒、暴跳如雷了。但是林肯却非常沉着冷静，谦卑有礼地回答对方："谢谢你，让我想起了我的父亲。虽然他已经去世了，但是在我的心目中，他一直是一位非常出色的鞋匠。我想，我做总统肯定赶不上我父亲做鞋匠那么出色。如果我没有记错的话，你与你的家人也曾经是我父亲的客户，如果你的鞋子穿着不舒服，我可以免费帮你修改，虽然我不如父亲那般出色，但我还是懂得一点做鞋的技术。"

　　接着，林肯又面向其他的议员说："在座的所有人都一样，如果你们的鞋子是我父亲做的，只要它需要修理，尽管可以来找我。但是，有一点我必须事先声明，我的手艺远赶不上我的父亲，他的手艺无人能及。"

　　原本嘲笑林肯的人们，这时都对他肃然起敬，全场也响起了雷鸣般的掌声。

　　面对他人的羞辱，林肯并没有愤怒，他沉着冷静地运用自己的智慧，不但化解了矛盾，还赢得了他人的尊重。林肯之所以能够成为美国历史上最伟大的人物之一，除了与他敏锐的政治眼光和超强的领导能力有关，他沉着冷静的品格也发挥了重要的作用。

　　在现实的生活中，遇到各种困难在所难免，我们只有拥有一颗沉着冷静的心，才不会迷失人生的目标，才能成功地演绎幸福的人生，才会拥有无憾的人生。沉着冷静是一种理性的沉淀，而这种沉淀可以让我们拥有智慧，让我们的人生收获更多。

我们也应该培养自己沉着冷静的态度，要学会"既来之，则安之"。遇事沉着冷静，会给人一种安全、值得信赖的感觉。

那么，我们应该如何培养自己沉着冷静的态度呢？

第一，要心平气和、从容镇定。生活中，我们总会遇到一些让人心烦气躁的事情，这些事情往往会搞得我们手忙脚乱，如果处理不好，结果就会变得越来越糟。因此，这个时候，一定心平气和、从容镇定，只有这样才能保持清晰的思路，去客观地判断事物，从而做出正确的选择。

第二，要培养荣辱不惊的心态。《菜根谭》中有这么一句话："荣辱不惊，闲看庭前花开花落；去留无意，漫随天外云卷云舒。"很多人都将这句话当成是人生该有的态度，以此来润泽自己的心胸。其实我们也应该保持荣辱不惊的心态。

第三，给心灵一个沉淀的机会，给烦躁的心情一些转变的时间。我们在遇到烦恼的事情时，难免会焦虑不安、心急气躁，这时给烦躁的心情一些转变的时间，可以让自己镇静下来，渐渐摆脱困境。烦心的琐事就如同水中的尘埃，随着时间的推移，它自然会慢慢沉淀下来。

第四，学会俯视人生。俯视能够让我们看透生活的琐碎、人生的匆忙、世事的变迁。俯视也可以让我们的性情变得更加沉静。

第五，在适当的时候，要学会独处。独处可以暂时远离喧嚣，让自己的心情得以平静；独处也可以让自己疲惫的心身得以休息，让自己从烦琐的世事中得以解脱。非常有利于培养我们沉着冷静的态度。

遇事不动声色，将焦虑藏于心底，我们渐渐就会形成一种沉着冷静的思考方式，而这种方式有助于我们掌控自己的情绪，主宰自己的命运！

爱的练习题

（1）在愤怒的时候，你会用什么方法使自己冷静下来？

（2）冷静对你的人际交往是否有帮助？为什么？

现在，你需要这样处理愤怒

愤怒，是人性中最黑暗、最令人坐立不安的负面情绪。一旦我们的生活受到它的控制和影响，将会影响我们的健康，破坏我们和亲人的关系，让我们很难得到幸福、健康的生活。当你愤怒的时候，往往会伤害别人；而你伤害别人的时候，必然会伤害到你自己。

紫斑鱼是热带海洋中非常漂亮的一种鱼类，浑身布满鲜艳的色彩。虽然美丽，但是它浑身上下却长满了针状的尖刺，又尖又硬。它的每根刺上都带有致命的毒素，这是它攻击其他鱼类的武器。不管是哪种海洋动物，一旦被紫斑鱼的尖刺刺中，无一生还。

紫斑鱼每次攻击其他鱼类之前，总是先要让自己愤怒起来，以便分泌出有效的毒素。这时它身上的毒刺就会坚硬起来，而且它越愤怒，身上的毒刺就越坚硬，攻击力也就越强。

从紫斑鱼的生理机能上分析，它可以活七八年的，但是实际上它却活不过两年。是什么原因导致它如此短寿的呢？研究发现，紫斑鱼是死于自己因为愤怒造成的内伤。它的愤怒在摧毁其他鱼类的同时，也摧毁了自己。

世界上有很多动物都会用愤怒来防范或攻击敌人，包括人类自己，有时也会用愤怒这种负面情绪来达到攻击的目的，然而愤怒往往会对我们的身心不利，就像紫斑鱼一样付出沉重的代价。

生活中，愤怒几乎无处不在，比如，夫妻间吵架；朋友间的指责；工作上的抱怨；甚至出门走在大街上都有可能与路人发生摩擦……我们都很清楚，愤怒是一种非常不好的情绪，它的杀伤力非常大，它可能会让我们得罪家人、失去朋友或是丢掉工作。但是我们却避免不了这种负面情绪的产生。

愤怒是一种正常的生理反应，生活中随处可见，我们总能在一些情形中找到自己的影子，比如：

你平时工作非常忙，好不容易抽点时间回家陪父母吃顿饭，却要忍受父母无休止的唠叨：什么时候结婚啊？几时能生个孩子啊？等等。原本想回家放松一下，反而搞得自己更加烦躁，虽然嘴上应承着，但内心早就崩溃了，你能不愤怒吗？

你每次和女朋友约好一起外出。你提前十分钟就到达约定的地点，然后就望眼欲穿地在那儿等啊等，也不知道过去了多久，对方才踩着高跟鞋缓缓地走来。此时你的兴致完全被无休止的等待消磨殆尽了，连外出的欲望都没有了，你能不愤怒吗？

你周末加班，出门前交待了老婆：打扫卫生、洗衣服、买下周的口粮，等等。可是等到晚上，你拖着疲惫的身体回家的时候，一进门，发现室内一片狼藉，垃圾、脏衣服到处都是，冰箱内也空空如也。你的老婆正瘫坐在沙发上，一边吃着零食一边看着韩剧，你能不愤怒吗……

上文中那样令人愤怒的事情，在我们的生活中比比皆是。因此管理愤怒这类负面情绪，在我们的生活中就显得尤其重要。张德芬曾经对愤怒做过这样的比喻：如果一个人到你家放了一把火，然后逃掉了，你是先去救火，还是去追杀那个放火的人？

大部分人都会先救火，再追人。这就很好地说明了，当愤怒来临的时候，先处理好愤怒的情绪才是第一位的。愤怒的情绪如果处理不好，对我们的身心健康都会造成很大的伤害。社会上，每年都会有很多人因为愤怒而一时冲动，做了让自己后悔莫及的事情。那么，我们就来了解一下该如何处理自己愤怒的情绪。

第一，不要压抑自己的愤怒，要明确告诉对方。愤怒来临的时候，我们往往未经大脑考虑，就将不应该说的气话说了出去，不该做的事情也做了。因此我们应该勇敢地承认自己的愤怒，并大声地说出来，告诉自己也告诉对方。这样，你就可以赢得处理愤怒情绪的机会。愤怒的情绪是需要宣泄的，而有效的宣泄就是告诉对方，让对方懂得你所愤怒的人与事，懂得你坏情绪的根源。如此对方便能够和你的情绪同步，与你站在同一条战线上。这样，你不但能得到对方的安慰，还能得到对方的理解。

第二，要克制冲动的情绪，保持冷静。当你感到愤怒的时候，要克制冲动的情绪，当然克制并不是要你积累愤怒，而是要你在愤怒的时候先冷静一下。我们可以在愤怒来临之时先深呼吸6秒。美国治疗专家罗伊·玛蒂娜博士建议，当人们愤怒的时候，应该立刻放慢呼吸，同时尽量将舌头向后卷。6秒的深呼吸可以帮助我们平复情绪，恢复思考的能力。因为人的身体在愤怒的时候会处于战备状态，并且以加快呼吸的方式来储存能量，而我们做相反的运动方式，可以解除身体的这种战备状态。

第三，要找出愤怒的焦点是什么，愤怒是从何而来的，那个惹你生气、令你愤怒的家伙到底做错了什么事情，错的到底有多严重。只有搞清楚了这些问题，才能对症下药，有效地平复自己愤怒的情绪。

第四，要进行选择性分析。有些时候面对愤怒，我们最好能坦然地接受现实。因为即使你与对方争论、向对方发火也无济于事，如果让已经发生的事情侵蚀自己的幸福感，就有些得不偿失了。我们可以将事情清楚地摆出来，让对方注意并且与你一起努力，寻找解决问题的方法，这样做不仅能够更好地解决问题，还能修复彼此的关系。

第五，要学会宽容。愤怒的产生往往是因为受到强大力量的威胁，我们如果能学会宽容地对待人和事，就能将对方对你产生的不好影响最小化。这样的话，你所厌恶、愤怒的对象就将不再是你的敌人了，而是变成了需要你宽容、怜悯的对象，那么对方所做的错事也将变得幼稚和无知，也就不会激怒你了。

爱的练习题

（1）你认为愤怒能解决问题吗？为什么？

（2）每当你因为某件事情而感到愤怒的时候，你会如何平复自己的情绪？

站在对方的角度看问题

有时需要离开常走的大道，潜入森林，你就肯定会发现前所未有的东西。

有一头猪、一只绵羊和一头奶牛，被牧人养在同一个牲口栏内。有一天，牧人来到牲口栏，要将猪捉走，猪被吓得嚎嚎大叫，并奋力地抵抗。绵羊和奶牛非常讨厌猪的嚎叫声，认为猪简直是小题大做，便很轻蔑地对猪说："有什么好怕的，我们也经常被捉走，从来没有像你这样大呼小叫！"猪听了之后，回答道："你们当然不会害怕啦，因为捉你们和捉我完全是两码事。捉你们仅仅是为了剪毛和挤奶，但是捉我却会要了我的命啊！"绵羊和奶牛听了猪的回答，惊愕得一句话都说不出来。

从这个故事不难看出，立场和环境不同的人，就很难体会到对方的感受。绵羊和奶牛只是站在自己的角度去思考问题，才会觉得猪的叫声令人厌恶。如果它们能够从猪的立场看待问题，那么它们一定会为猪的悲惨命运感到难过，定会同情而非指责猪。

实际上，由于人与人之间的生活状态存在差异，思维方式也存在很大的不同，这就导致很多人在面对事情的时候，只会从自己的角度去看待问题，从自己的需求出发，很少考虑对方的感受。就像一个衣食无忧的人很难体会饥饿的滋味，而一个穷人也很难理解富人的生活一样。
因此，若想体会对方的感受，就应该站在对方的角度设身处地为对方着
想，比如当我们遇到问题的时候可以设想一下"如果自己处于对方的位
置会怎样做？"如此，便会对对方的想法和做法给予更多的理解，那么
将会解决我们日常交往中存在的很多误解与隔阂，沟通交流变得更加顺
畅，有些问题也就迎刃而解了。

　　我见到郁凡的时候，真的吓了一跳，憔悴得完全失去了往
日的光彩。他对我说，他与妻子离婚了，他现在很后悔自己的
所作所为。

　　郁凡的妻子是一个很好的女人，婚前有自己不错的工作，
但是自从和郁凡结婚以后，为了能全心全意地照顾家庭，辞去
了工作。

　　他们第一个孩子出生以后，郁凡总是以给孩子妻子更好的
生活为由，早出晚归，在外面交际应酬。妻子体谅他的辛苦，
曾未有过一句怨言。

　　后来他的事业越来越好，他们的第二个孩子也出生了。但
是郁凡依然早出晚归，甚至经常夜不归宿。孩子甚至都想不起
来爸爸的模样了。妻子希望郁凡能够抽点时间陪陪孩子，但是
郁凡依然以事业为借口，整日我行我素。再加上郁凡的母亲相
当挑剔，总说自己的儿媳妇什么都做不好，就连自己儿子不愿
回家都怪在儿媳妇身上。

　　就这样，在他们婚后第七年的时候，妻子终于受不了了，
对郁凡说："我们结婚都七年了，你能不能偶尔照顾一下家

庭，为孩子和我也做点什么？"

郁凡不以为然地对妻子说："我怎么没有照顾你们了？我每天辛辛苦苦地赚钱，为了这个家在外打拼，难道还不够吗？"

妻子反问道："你认为这样就是对我好？我要的就是这些吗？"

郁凡有些不耐烦地对妻子说："不然呢，你还想怎样，我让你吃穿不愁，生活无忧，整日待在家里，想干嘛就干嘛！你看看自己穿的用的哪个不是名牌？试问有几个女人过得比你好？"

妻子心痛地说："你根本就看不到我的付出，我的苦！你把这一切都看得那么自然而然，你甚至都不知道孩子是怎么长大的！"

郁凡不以为然地说："孩子是怎么长大的！当然是我辛苦赚钱养大的！"

妻子听到这里，心已经彻底死了，她不想再将自己的时间浪费在这样的男人身上。最终妻子提出了离婚，走的时候，把一切都留给了郁凡，包括两个孩子。

离婚以后，郁凡才感觉到，原来家里有那么多烦琐的事情，小孩不会自己长大，地板也不会自己变干净，还有自己的母亲是多么的苛刻。直到这时，他才意识到前妻的好。

郁凡如果当初能站在起妻子的角度去看问题，多为对方着想的话，他应该不会走到离婚这一步。生活中，很多人都面临过像郁凡这样的情况，这时，我们应该学会与对方多沟通，学会从对方的想法和情感等角度，去判断、理解和解决问题，要懂得欣赏和尊重对方的重要性。只要我们站在对方的角度，以对方的眼光来看待问题，我想很多矛盾都会自然而然地化解。为对方着想也能够赢得对方的喜爱，让你成为一个受欢迎的人，我们也会得到他人更多的帮助。

站在对方的角度思考问题，是与人交往必需的技巧。客观上来说，就是让我们将自己的内心感受、思维方式等与对方联系起来，以对方的思想去考虑问题，从而达到与对方情感上的交流，为增进彼此的理解奠定基础，为沟通创造良好的条件。

这看似简单的道理，在实际的生活中实行起来，其实并不容易。我们大多数人总是认为他人不理解自己、不体谅自己，却很少考虑过自己理不理解、体不体谅他人，自己很少能够做到真正地理解对方。这个时候，我们只有站在对方的角度，才能够真正理解对方。

我们可以注意以下几点：

（1）将自己放低一些，以平常的心态考虑自己在对方心目中的位置。

（2）让自己进入对方的角色，以对方的思维方式去考虑问题，再与自己的行为做比较。

（3）多关注对方的需求，有助于更好地了解对方。

（4）真诚地关心对方，让对方感受到温暖和安全感，他才更加愿意向你敞开心扉。

正如卡耐基所说的，成功的人际关系在于你能否捕捉到对方的观点。若想成功地捕捉到对方的观点，就要站在对方的角度去思考问题，想对方为什么会这么想、这么做，如果我是对方的话，我会怎么做！

爱的练习题

（1）一个从不会站在你的角度，为你着想的人，你会愿意和对方做朋友吗？为什么？

（2）你觉得"知己知彼，百战不殆"这句名言在人际交往中会起到怎样的作用？

管好自己的舌头，说话之前要三思

我们应该学会控制自己的舌头，注意说话的方式，谨言慎行。如果没有什么值得说的，那就什么都别说。

从前有一个国王，命令大臣们去寻找世界上最好的东西和最坏的东西。其中有一个聪明的大臣向国王进献了一个箱子，并对国王说他已经找到了。国王命人打开箱子，里面居然装着一个舌头。国王惊讶之余，略带疑惑地问这位大臣："这就是你所说的最好的和最坏的东西？"大臣连忙解释道："人的舌头能说出世界上最动听的语言，也能说出世界上最恶毒的诅咒，陛下，难道它还不是这天底下最好的和最坏的东西吗？"

这个故事，有一个很好的警示作用，那就是要管好自己的舌头，说话之前一定要给自己充分的思考时间，考虑清楚什么话该说，什么话不该说，说了之后会给自己和他人带来怎样的影响。

俗话说，一句话能使人笑，一句话也能使人跳。语言的重要性不用我细说，大家也都非常明白。从大的方面讲，一句话能兴邦，一句话也能亡国，有些时候，一个善于言辩之人强过百万铁骑；从小的方面讲，一句话可以成事，一句话也可以败事。有一位哲学家曾经说过："优秀的口才是使人快速完成伟业，并获得他人认可的一种捷径！"可见，把话说好是多么的重要。

事实上，说话并不是难事，难的是如何把话说好。评价一个人话说的好不好，不仅仅要看他是否能够准确、流畅地表达自己的想法，最主要的是在表达这些信息的时候，能否让对方接受并产生共鸣。把话说到对方的心里去，让话触动对方的心弦，这一点非常重要。因此在说话之前，一定要事先考虑自己的言行能否打动对方，解决自己的问题，达到预期的结果，如果不能，那么说了还不如不说。

晓敏是一个心地善良、为人热情的姑娘，常常会无私地帮助身边的人，但是她身边的人却并不喜欢她，甚至还有点讨厌她。这是为什么呢？因为晓敏从来都管不住自己的舌头，常常是想到哪就说到哪，虽然无心，却时常给对方造成心灵上的伤害。

一次在一个公共场合，晓敏遇到了高中时的一位老同学，这位同学结婚以后身材就发福了不少，现在越发胖了。晓敏刚见到对方就高声地对同学喊道："哦！你怎么又长膘了啊，你老公每天都喂你吃了什么东西，将你喂得这么肥啊！"老同学听到晓敏的评论，顿时感到非常恼怒，装作不认识晓敏，掉头就离开了。

本无恶意的一句话，遭致对方的反感，使原本亲密的感情产生了间隙，不仅没有达到自己与对方亲近的目的，反而拉开了双方的心理距离，从此失去了一位多年的好友。

还有一次，晓敏去参加同事的婚礼，为此她还专门精心地为对方选择了一份礼物。当她将礼物送与对方的时候，对方十分感激。这本来是一件值得高兴的事情，但晓敏却在这个时候，不合时宜地评论起对方的穿着："哎呦，你的西装剪裁还真是不错，不过呢，你这颜色搭配是不是有些跳啊，你看看这衬衫的颜色和西装也太不搭了，桃红柳绿的，中间也没有过度，也太不协调了！"新郎原本笑盈盈的脸，顿时僵住了。

本来，大喜的日子，人们总是想听一些吉利的好话，你开口就挑对方的毛病，人家能喜欢你才怪。尽管晓敏的礼物让对方非常感动，可是她的言谈却让对方感到不快。送来礼物也没能讨到对方的欢喜。

上文中的晓敏，就是我们俗话说的"嘴贱"，常常做一些吃力不讨好的事情，明明是一副好心肠，却不讨人喜欢。大多数人应该都有过这样的生活体验，有些人在生活上和物质上都热心帮助他人，但是由于管不住自己的舌头，在特定的场合措辞不当，往往使对方对自己的感激变成了厌恶，晓敏就是这样的人。

不注意自己的措辞，在社会交往中往往会违背语言交际本该遵循的原则。所以，常常会发生，我们本来的主观意愿是好的，但是结果却事与愿违、适得其反。我们在正常与人交往的时候，就算是关系非常亲密的朋友，说话也要注意分寸，不能太过随意，即使是开玩笑，也要把握尺度、注意限度，应该照顾到对方的感受和自尊，以免使对方陷入难堪的境地。我们要想管好自己的舌头，在说话之前就必须三思而后语。要根据不同的情形、不同的场合选择合适的措辞，将话说到对方的心里。只要我们的言语恰当了，对情入境了，打动对方的心了，彼此之间的情感才会随之升温，再交流起来，还有什么能难倒你呢？

爱的练习题

（1）你身边有没有"毒舌"呢？你喜欢与这样的人交往吗？为什么？

（2）如果你就是一个"毒舌"的人，你有没有想过要改掉这种习惯？

09

只要放下伤痛，就没什么谈不拢的

你先撂下，别人也不会扛着

夫唯不争，故天下莫能与之争。

相传很久以前，有一个老和尚带着一个小和尚在外云游化缘四方。

有一天，他们来到一条河前，正当他们准备淌水过河的时候，看到一个少妇满面愁容地在河边徘徊不前。

于是他们师徒二人来到了少妇的面前，问道："这位女施主，为何事犯愁？"

少妇回答道："今日连遭暴雨，河水已涨至腰深，不敢下河淌水。然家中偶有急事，必须过河，不知如何是好啊！"

说完之后，更是焦急不堪。老和尚听罢，便将小和尚的随身物品拿了过来，转身对少妇说："阿弥陀佛！让我的徒弟来背女施主过河吧！"说完便让小和尚背起少妇淌水过了河。

到了河对岸，小和尚放下少妇，师徒二人便起身离开了。老和尚在前面径直走去，小和尚却心不在焉地边走边回头望着远去的少妇。

半日以后，师徒二人都走过几十里地了，小和尚依然对那个少妇念念不忘。

当他们停下歇息的时候，小和尚问师傅："师傅，你说那位施主现在应该已经安全到家了吧？"

老和尚看了看小和尚，寓意深长地说："都过了这么长时间，你怎么还没有放下呢。一个人要拿得起，也要放得下，放下一切执着的念头，这样才能修行到家！"

只有放得下，才能够静下心来，才能修行到家。"学会放下，懂得从容。"我们只有学会了放下，才能坦然面对世事。人的一生总会遇到很多的烦恼，使身心背负着沉重的包袱，让自己的生活过得越来越辛苦，归根结底就是没有学会放下。我们常常会给自己套上心灵的枷锁，增加内心的负担，因此我们更应该学会放下。所谓"智者无为，愚人自缚"，放下不仅仅是一种心态，更是一种智慧。不管你现在的境遇如何，你活得幸福与否，都要放下束缚自己的包袱，放下之后，你会豁然开朗，如释重负，才能获得真正的幸福。

百泉是中国的四大药都之一，这里各路药商云集，相当繁华，有两个兄弟看到了其中的商机，决心在此开办一家药厂。由于占据着天时地利，所以药厂在两兄弟的经营之下渐渐发展起来，财源滚滚而来。

正在生意越来越好的时候，他们之间却发生了猜疑：弟弟的妻子怀疑哥哥背地里多拿了钱，占了他们的便宜；而哥哥的妻子也开始怀疑弟弟在暗中吞了钱财。就这样，两家便起了争执，闹起了纷争，又是争夺钱财，又是争夺权利。

原本生意兴隆的药厂，因为两兄弟只顾分家，无暇顾及生意，而市场总是风云万变的，等他们清醒过来的时候已经晚了，最后只能关门大吉了。

人们往往拥有的越多，想得到的就越多，随之而来的烦恼也越多，就像上文中的两兄弟一样。世间万物总是在不断地变化着，而我们却试图将它牢牢握在自己的手中，结果自然是徒劳。很多人都有贪得无厌的心理，自古以来，对于金钱、权利、美女等一切美好的事物有无限的向往。俗话说"欲壑难填"，人们往往会因为自己的欲望而因小失大，从而失去更多，使自己遗憾终身。我们只有学会放下，才能得到自己真正想要的东西。

宋朝的名相吕蒙正就是一个懂得"放下"的艺术和智慧的人。

吕蒙正刚被皇帝任命为副相，第一次上朝的时候，群臣中突然有人大声地讥讽他说："哼哼，如此寒酸之人，居然也能入朝为相！"面对同僚的讥讽，吕蒙正并没有反唇相讥，而是像没有听到一样，继续走自己的路。跟随在他身后的几个官员实在听不下去，便为他鸣起不平，拉着他的衣襟，非要帮他找出出言不逊之人。吕蒙正则推开众人，说："谢谢大家的好意，我不需要知道是谁在说我，如果我知道了，将会一直记于心中，以后还如何与他共事呢？"

吕蒙正善于识人，他所举荐的人，大都成了朝廷的栋梁之才。而且他一旦用了某人，就会赋予他一定的权利，不束缚对方才能的发挥。在做宰相期间，他一直坚持"无为而治"的方针。有一天，吕蒙正的两个儿子愤愤不平地对他说："父亲，现在外面都说你无能，你虽然位居相位，却没什么权利，你怎么能将权利都分与他人呢？"吕蒙正听了儿子的话后，突然哈哈大笑："儿子，我哪有什么能耐啊？皇上只不过是看我善于识人，才提拔我当宰相的。我做宰相的义务就是要帮国家物色有用的人才，不然我要权利干什么啊？"

吕蒙正正是因为有能放下一切荣辱的胸襟，才使得他得到皇上的信任、群臣的拥护、百姓的爱戴，成为一代贤相。

从古至今，太多的官员因为贪图权利给自己带来的利益，而拼命地揽权，他们并不是真的比他人有才能，只是放不下权势的诱惑。但是吕蒙正却是一个懂得放下的人，也正是因为他"拿得起，放得下"，所以才名垂青史。

现实中，又有几个人能真正地放下呢？人们常常因为言差语错中的几句话就彼此勾心斗角、相互伤害，其结果往往是两败俱伤。心灵的内存是有限的，只有舍得放下，才能释放出新的空间，才能装下更多美好的东西，即使放下的时候有些许的痛楚，但是，放下之后却无比轻松。其实，放下的过程就是得到的过程，《卧虎藏龙》中有这么一句台词："当你紧握双手，里面什么也没有；当你打开双手，世界就在你手中。"

每个人都有或多或少的经历，每个人也都有或浓或淡的情感，很多时候，当我们面对这一切的时候，不得不做出一些选择，而这个选择就是：放下。

要学会放下，就要乐观、豁达，保持良好的心态。有很多事情并不是我们努力就能得到的，比如，环境、情感、运气等，因此我们应该学着乐观、豁达一些，毕竟就算我们不舍得、不甘心也起不到什么作用，还会给自己平添烦恼，既然如此，还不如大度一些、理智一些，调整好自己的心态，给自己一些时间，慢慢就会放下的。

利奥·罗斯顿曾说过："虽然你的身躯很庞大，但是你的生命所需要的仅仅是一颗心脏。那些多余的脂肪会压迫人们的心脏，而多余的财富则会拖累人们的心灵，过度的追逐和幻想只会给人们的生命增加负担。"是的，就像古语说的那样"当断不断，必遭其乱。"在我们的生活中应该保留那些最纯粹的、最有价值的部分，放弃一些无益的负担，才能做出最好的，最有益于自己的选择，才能享受真正的人生！

爱的练习题

（1）你是一个拿得起放得下的人吗？请举例说明。

（2）你觉得"放得下"会对你的人生会产生怎样的影响？

那些要伤害你的人或许并不坏

宽容就像天上的细雨滋润着大地。它赐福于宽容的人，也赐福于被宽容的人。

宽容是一种品格，是一种修养，是一种美德，是一种海纳百川的气度。因此，我们应该懂得宽容、学会宽容。学会了宽容，你就不会再为他人的错误惩罚自己；学会了宽容，你就不会心存芥蒂，才会拥有一份属于自己的洒脱与风采！

圣经上有这么一句话："怀着爱心吃蔬菜，要比怀着怨恨吃牛肉香得多。"德国的哲学家亚瑟·叔本华曾说过："虽然生命是一种毫无价值而又痛苦的冒险，但是如果可能的话，不应该对任何人报有怨恨之心。"我们不要因为别人对自己的伤害而闷闷不乐，应该以平和的心态潇潇洒洒地活着，学会宽容他人。

在"二战"期间，Jon因战乱逃到了瑞士。他身无分文，非常需要一份工作，于是他向多家公司投了简历，但大都石沉大海，甚至还有家公司在回信中侮辱他："你对我们公司业务的理解完全错误，我根本不需要你这种蠢材。即使我需要招人，也不会请你这种连德文都写不好的人，信中全是语法错误。"

看到这封信时，Jon气得发疯，决定写一封回信大骂对方。但他很快冷静了下来，心想："也许他说的并没有错，我确实不精通德文。如果真是这样的话，我必须努力学习才行。虽然他将我说得一文不值，并不代表他就是坏人，相反的，我还应该要谢谢他，让我看到了自己的短处。"于是Jon撕掉了原来的那封信，重新写了一封感谢信。

不久，Jon就收到了那个人的回信，在信中，Jon被邀请去那家公司参观。就这样Jon得到了一份工作。

原谅伤害自己的人，有时候能避免受到更大的伤害，那些伤害你的人或许并不坏，他还可能助你走上成功之路！

也许我们不能像圣人那样爱我们的仇人，但是我们至少能原谅和宽恕那些伤害过我们的人。就像Jon一样，他原谅了责骂他的人，不仅仅从消极的情绪中走了出来，还获得了一份满意的工作。忘记那些不愉快的伤痛是一种聪明的选择，至少它可以让我们的心灵重获自由，让我们健康、快乐。

生活中，每个人都可能犯错，有时，不可避免会伤害到他人，或是被他人伤害。因此，宽容在人与人的交往中就起到了相当重要的作用。宽容本身就是一种情感交流、一种美德，是人与人之间必不可少的润滑剂。

宽容他人，也是在善待自己，怨恨会将我们的心灵囚禁在黑暗之中，学会宽容他人，才能走出黑暗，才能在阳光下自由、快乐地生活。

天色已晚。在一家不大的餐厅里，只剩下一个老人和一个年轻人在就餐。

年轻人一边吃着面，一边瞄向隔壁的老人。在老人侧身点烟的同时，年轻人的手迅速地伸向了老人的手机，随即装入了自己的口袋。

老人转过身来，发现桌上的手机不见了。他环顾四周，看到已经溜到门口的年轻人时，瞬间明白了一切。

老人立刻起身，走向门口的年轻人。这时年轻人心中一惊，但一想到对方是一个年迈的老人，又立即镇定了下来，心想："你个老东西，看你能拿我怎样？"

老人语气和缓地说："小伙子，等一下！"

年轻人立马反问道："什么事？"

"我的手机刚刚还放在桌子上，但现在不见了。"年轻人听老人如此说，不由自主地紧张起来！老人接下来又说："我想，它肯定是我不小心碰到，掉到桌子下了。我眼睛花得厉害，腰也不太好，弯不下身来，能不能麻烦你帮我找一找？"

听到老人的话，年轻人顿时松了一口气，他轻轻擦了把头上的汗，恭敬地对老人说："叔叔，你别着急，我来帮你找找！"

年轻人弯下腰，假装在地上仔细地找了一遍，然后将手机递给了老人："叔叔，你看，是不是这个？"

老人接过手机，感激地说道："谢谢你小伙子，真是不错的年轻人！"

听到这里，年轻人十分愧疚地向老人坦白："叔叔，你原本就知道手机是我偷的，你为何不报警呢？"

老人意味深长地说："只有宽恕才能让人迷途知返，虽然报警也能找回我的手机，但却找不回你悔悟的心！"

这时年轻人，由之前的愧疚变成了感激。他非常感激老人用宽恕的心，将他从悬崖边上拉了回来，让他能够坦然地面对自己的人生！

宽容是一种弥足珍贵的品质，就如同上文中的老人，感化那个年轻人一样，它可以感化那些伤害过你的人。它能够将曾经的伤害化成云淡风轻的记忆，变成残存的美好。它能使经过你生命中的每一个人，都展现出各自存在的意义：以他们自己的方式，造就了一个不一样的你！

那么，在现实生活中，我们应该如何学会宽容呢？

要心态平和，学会自控。如果他人的行为真的惹恼了你，那么你就问问自己：为了他人的错误而让自己不快乐，值得吗？如此，你就会缓和自己激动的情绪。我们只要心态平和，学会自律、自控，就能避免自己陷入痛苦的泥潭。

要学会理解他人。经常提醒自己，别人的做法未必就是错误的，也许是我们没有了解清楚他人真正的想法。我们对他人的判断，常常会受到主观因素的影响，失去公正性。武断的结论很容易引起不必要的误会和冲突，因此，在做出判断之前，一定要理解对方。

要学会换位思考。是人难免会犯错，即使对方真正犯了错误，你也要告诉自己"人非圣贤，孰能无过"。如果自己犯了错误，是不是也渴望得到别人的谅解，给自己一个改过自新的机会？只有推己及人，才能使我们赢得更多的朋友。

要以"责人之心责己，恕己之心恕人！"将心比心，为自己着想的同时，也多为对方着想。与人方便，也是与己方便，所谓"退一步海阔天空！"

宽容是一种爱，它可以净化他人的心灵。它也是一种被爱，所谓"投之以木桃，报之以琼瑶"，只要将宽容播于土中，来年必会长出新芽。

爱的练习题

（1）如果你的爱人背叛了你，你会原谅他吗？为什么？

（2）是人难免会犯错，你如果犯了错误，你是否期望得到他人的宽恕？

淡定、淡定，再淡定

一个人的自信心，来自内心的淡定与坦然。

最近几年，"淡定"这个词几乎成了大家的口头禅。那么何为淡定呢？从字面上讲：淡是淡然，定是安定。很显然，它是一种思想的境界、生活的态度，是一个人从内而外展现出的从容、优雅的感觉。对生活而言，它是一种非常重要的心态。有了淡定这种心态，即使遇到了危难，你也可以笑对人生道路上的坎坷与不幸。

在一次矿难中，有几名矿工和一位专家被困在了矿井中。他们都很清楚事态的严峻，内心非常忐忑。

此时，一位老矿工来到专家的面前，与他商量对策。专家非常恐慌，哭着对老矿工说："我的妻子和儿女还在家里等着我呢？我就这样死在这里，他们一定会很难过的！"

老矿工见专家如此激动和悲观，赶紧制止了他，并小声地警告他说："你不能这样，你这样会害死你自己和其他人的！"

专家很无助地说："我们不可能活着出去，矿井的通风口已经堵死了，我们会因缺氧而死的。"

老矿工又一次制止了专家。他回到矿工们那里，十分淡定地对矿工们说："专家已经说了，这次的坍塌很轻微，救援队也已经到了，很快就能将我们救出去。现在我们只需平稳呼吸，静静待着，等待救援就可以了！"

矿工们听了老矿工的话，平复了原本恐慌的心情，保持着良好的心态等到了救援队的到来。然而，那位专家被发现的时候已经瘫在一个角落里，死去多时了。

在危难面前，老矿工凭借着自己淡定的心态，带领着矿工们等来了救援队。而专家却因为内心不淡定，在死亡的恐慌中结束了自己的生命。弗兰克曾经说过："在任何极端恶劣的环境中，人们都将拥有着最后的自由，那就是心态的自由。"是的，就算是危难已经降临，我们感觉到命运已经将我们抛弃，那么，我们还是可以选择从容、淡定地面对它。你那颗淡定的心很有可能会带你等到"柳暗花明又一村"！

A十年前白手起家，创建了年利润上千亿元的公司，但是最近由于一次质量事故，公司即将面临倒闭。A依然像平时一样乐呵呵的，他的脸上一点悲伤的感觉都看不出来。

A的老婆看着觉得心疼，便劝A说："我知道你内心的苦，难过你就发泄出来，不要憋在心里，像没事人一样，对身体不好！"

A听了老婆的话，依然从容淡定地对自己的老婆说："十年前，我白手起家，开创了这份事业。我现在比起十年前强多了，起码，我拥有了宝贵的经验和重要的人脉。我有什么好难受的呢？"

A并没有哭天喊地，也没有怨天尤人，而是很从容地四处筹集资金。他很淡定地对生意上的伙伴们说："我的公司出现了点问题，我已经是一个穷光蛋了，借你的钱，也不知道什么时候能还得起！"但是他的这些生意伙伴却没有一个人相信A的话，都认为A是在开玩笑，纷纷解囊相助。

A拿着筹集到的资金，公司又重新运转了起来。

A正是以他淡定的神情，消除了生意伙伴们的顾虑；以他从容镇定的态度，让身边的人对他的崛起深信不疑。如若一开始，他就垂头丧气、一蹶不振，那么其他人就很难相信他，也没有人敢借钱给他，他也不可能会东山再起。

淡定就是这么神奇的一种心态，它能够使一个人乐观、豁达。不管遇到什么变故，都能拿得起、放得下，以一种豁达的处世哲学和博大的胸襟来包容这个世界，来厚待身边的每一个人。

因此，我们都来做一个淡定的人吧!

淡定的人，遇事冷静、清醒，为人沉着、平和，有气度，不浮不躁、不怒不争，能进能退，懂得顺其自然。

淡定的人，豁达开朗、乐观积极，心中充满希望，他能够在困难中看到光明，在被动中发现主动，甚至能在困境中，凭借自己的力量逢凶化吉，置之死地而后生。

淡定的人，有耐心、有恒心，在困难面前坚忍不拔，在逆境之中百折不挠，他总是会付出百分百的努力，直至达到自己的目标。

淡定的人，不埋怨、不责怪、不怨天尤人，为人端正，容易让他人信服，与人交往也更加真诚可靠。

淡定才能更好地与他人交流，才能拥有平淡而真挚的感情！因此，我们在与人相处的时候，一定要淡定、淡定，再淡定！

那么，我们该如何培养自己淡定的心态呢?

第一，用平和的心态看待生活，有时候，经历的事情多了，自然就从容淡定了。看得开些，有些事情过去就过去了，虽然会留下些遗憾，但是我们要懂得放下，天下没有后悔药可买，我们要做的不是后悔，而是要珍惜眼前的一切。我们要明白幸福是一种内心的感受，只有你自己愿意接纳幸福，你才能拥有。

第二，将名利这些身外之物看得淡些，要明白自己真正需要的是什么，自己能给自己什么。要做到处变不惊，不以物喜不以己悲。很多人不淡定，就是因为自己的内心不平静，欲望就会以各种形态出现，来搅乱我们的内心，比如，金钱、物质，等等。只有知道搅乱自己内心的根源是什么，才能用自己的方式去解决它，如此便能保持淡定了。

第三，低调做人，高调做事；遇事从容不迫、有谋有略。当你专注于某件事情的时候，你除了可以转移自己的注意力，还有类似催眠的作用，可以让自己的内心更快地恢复平静。平时多读书，陶冶自己的情操，提高自己的修养。

第四，别太把自己当回事。我们只不过沧海一粟，对于这个世界而言，我们算得了什么呢？简直渺小得不值一提。有什么好苦闷的，放低自己的身价，缩小自己的目标，认真地去感受生活。

第五，多与淡定的人交往。俗话说"近朱者赤，近墨者黑"，淡定也是可以学习的。人与人之间是可以相互影响的。你与性格恬淡的人在一起，常常会被对方的气质所影响，久而久之，你对人对事的态度也将有所改变。

淡定是一种清雅的内敛，是一种高贵的平和，是一种优美的沉静。它是一种忘我境界的升华，也是一种学识、修养和气度的融合与沉淀。人们可以在淡定中滋养心灵，让自己的内心清澈如水，让喧嚣的生活返璞归真！

爱的练习题

（1）危难当前，你将如何淡定地面对？

（2）一个淡定的人和一个不淡定的人，你更愿意和谁交朋友呢？为什么？

爱可比恨容易得多

人生如花，而爱便是花的蜜！

爱一个人，其实真的很容易，比如"一见钟情"，人在很多情况下，往往就在那么短短一瞬间就能爱上一个人，可是恨一个人就不同啦，很多情况下，恨是建立在爱的基础之上的，这就是"因爱生恨"，它是一个复杂的质变过程。

我们每个人，都是先学会爱而后学会恨的。当我们刚来到这个世界的时候，内心充满了对这个世界的好奇和热爱，并且在爱中渐渐长大。直到长大后，学会了对这个世界的不满，才产生了恨。

恨会让一个人变得狭隘、斤斤计较、睚眦必报，在伤害他人的时候，也伤害了自己。很多人应该都有过这样的经历，因为一时被怨恨驱使，做了不该做的事情，当自己冷静下来以后，又开始后悔自己的冲动与愚蠢。而当你真的将一些事情放下之后，你又会发现，其实爱比恨要容易得多。

芳姐每次参加活动，身边总会带着小女儿同行。小女儿长得很漂亮，也特别招人喜欢，同行的同事们总会逗这个小姑娘玩。而芳姐这时候总会温婉地笑而不语。

一次一个同事，开玩笑说："芳姐，这个孩子怎么一点都不像你呢？"

芳姐笑笑说："我的孩子，怎会不像我！"

但是后来，有人听说，这个小孩确实不是芳姐所生，而是她丈夫的私生女。

芳姐的丈夫在几年前，有了外遇，但芳姐顾及到孩子的感受，没有同意丈夫离婚的请求。她的丈夫见离婚无望，便带着情人去了外地，将自己的母亲和孩子全都丢给了芳姐一个人。芳姐那几年的日子过得非常辛苦，照顾婆婆，抚养孩子。

两年后，芳姐的丈夫和情人出了车祸，双双离世，留下了刚刚学会走路的女儿和一大堆的债务。芳姐接到通知后，只身前去，处理完丧事，还完了债务，便将丈夫与情人的女儿接了回来。

老家的亲朋好友们都劝阻芳姐说："你是不是被气傻了？他们把你害成了这个样子，你还要帮他们养私生女？你一个女人养这么一大家子，将来有得苦吃喽！"

芳姐叹了口气，说："是的，我确实被他们伤得很深，我也曾恨过他们。但是他们现在已经为自己的错误付出了最昂贵的代价，我还有什么好恨的呢？毕竟孩子是无辜的，也是他的亲生骨肉。而且，我们也曾相濡以沫地在一起生活了那么多年，爱总比恨要容易一些吧！"

芳姐就这样将那个孩子留在了身边，并一直视如己出。

　　恨只会使自己的心胸变得狭隘，给自己带来更多不快，而爱却不同，它能让我们走出灰暗，去关注更为广阔的人生与命运，获得安宁与平静，让自己重获幸福，就像上文中芳姐所说的，爱比恨要容易得多。

　　"己所不欲，勿施于人。"即使我们自己对他人犯了错误，还是希望能够得到对方的原谅，希望对方不要怨恨我们。同样的，对方如果伤害了我们，也一定希望得到我们的谅解。所谓冤冤相报何时了，怨恨只能加深痛苦，而爱却能够消除痛苦，让生活重回正常的轨道。爱可以让自己活得更加轻松、惬意，而恨却只能让自己活得更加沉重。

　　很多人在遭遇不公和伤害时，通常的反应就是怨恨，这种怨恨不论通过什么方式表现出来，都会滋生出不良情绪，而这种不良情绪往往会使怨恨者郁郁寡欢，甚至害人害己。因此，在遇到不公和伤害时，我们应该衡量利弊，采用宽恕的态度，从怨恨的情绪中摆脱出来。

　　第一，要直言不讳，面对面地对伤害你的人将话说清楚。通常情况下，当一个人伤害了你，你会默默地将恨藏于自己的心中，不愿公开向对方表现出来。这样对自己和对方都非常不利。你应该勇于直视已经发生的事实，向对方当面指出来。

　　第二，要体察事由。仔细地体察时间的前因后果，只对不平的事情表现自己的愤怒，但是要原谅做错事情的人，因为他有可能是出于某方面的原因，迫不得已才做出了伤害他人的事情。

　　第三，要既往不咎，学会放下。即使你一开始不能立即宽恕对方，但是随着时间的推移，时过境迁之后，你慢慢地将对方对你的伤害放下了，你不再去计较对方的对错、自己所受到的委屈，原谅了对方，这也能表现出自己的坚强，说明你的心态是健康的。

　　第四，要经过长期的努力。怨恨也是人的一种习惯，就像其他种种习惯，并不是轻易就能戒掉的。这种习惯越是根深蒂固，那么戒掉它的时间也会越长，我们需要经过长期的努力，才能渐渐地水到渠成。

第五，善于运用爱的力量。怨恨和报复并不能消除对方做过的错事，反而会让受害者和加害者双方的矛盾和报复逐渐升级。只有以爱的力量去宽恕对方，才能打开和解的大门。真正懂得爱的人性格坚强、勇敢果断，是推动和谐人际关系的真正动力。

在人与人的相处中，爱能让关系更和谐，相处更加轻松；而恨只能让关系恶化，阻碍你们之间正常的交往，让对方与你的距离越来越远。很多时候，爱比起恨会让事情变得容易得多，也让自己变得更幸福。

爱的练习题

（1）相信你也曾怨恨过某人吧，你的怨恨对于你们的关系起到积极的作用了吗？为什么？

（2）面对一个伤害过你的人，你认为怎样的方式可以化解你们之间的矛盾？请说明。

生气时的话最伤人

以责人之心责己，以恕己之心恕人。

相信每个人都曾经对自己的朋友、家人或爱人说过气话，俗话说"覆水难收"，说出去的话，就如同泼出去的水，难以收回，伤人伤己。当情绪平复之后，往往又会对自己的行为感到后悔，即使知道自己不对，但出于颜面，不愿或者不好意思向对方承认错误，从而造成了不可挽回的损失。祸从口出，冲动是魔鬼，生气时说出的话最伤人。学会管理自己的情绪，是人生中一门重要的课程。得体的语言就像一杯沁人心脾的香茗，令人心情舒畅。过激的语言，即使是自己无意识之下的语言，也会伤人伤己，给自己幸福的生活蒙上阴影。

晨晨是一个心直口快的女孩，经常说话不经过大脑，生气的时候更是完全管不住自己的嘴巴，仅凭一时的痛快就口无遮拦地说出一些令人心痛的话。每次跟老公吵架时，她根本就收不住，说出的话能活活气死人。而她老公是一个慎言少语的人，总是对她百般忍耐。

结婚前几年，她的生活过得也算幸福美满，每次吵完架，很快就会和好，从不会超过两天。但是有了宝宝以后，一些鸡毛蒜皮的小事越来越多，常常搞得她焦头烂额，因此脾气也越来越暴躁，甚至有些无理取闹。一次晨晨正在给宝宝冲奶粉，听见宝宝在卧室"哇哇"哭个不停，一时气就不打一处来，对着书房的老公狂吼："耳朵聋了！听不见你儿子在哭！"当她冲好奶粉回到卧室时，宝宝还在一个劲哭闹，老公在旁边晃着摇床满脸焦急和无奈。这时她闻到一股臭臭的味道，掀开小被子一看，天哪，粑粑都糊到床上了，顿时火气就上来了，对着老公就是一通狂轰乱炸，特别是最后一句"你还有什么用，连这点小事都搞不定！"深深刺痛了老公的心。对她老公而言，这是一种讽刺和挖苦，极大地伤害了他的自尊心，他默默离开了房间，任由妻子在那发飙。

晚饭的时候，晨晨叫了好多声，她老公都没有回应，躲在书房自顾自地看着书。老公肯定是在生闷气，故意不理她，自己辛辛苦苦在厨房忙了这么久，却没人愿意搭理她，于是气愤地冲了进去，一把将书本打落在地上："还想不想过了，不过就离！"她老公当场就愣住了："好的，你说的！离就离，我早就受够了你的蛮横无理！"话还未说完，就冲进卧室，收拾行李，头也不回地离开了，留下晨晨一个人傻傻地站在那里。

那晚，晨晨一直等到半夜也没等到自己的老公，电话不通、短信不回。她对自己以前的所作所为相当懊恼，后悔如此对待自己的老公，那可都是自己一时冲动说的气话，气血攻心，情急之下脱口而出的，并非自己真心所想。细细想想，老公真的很包容自己、很爱自己，她根本就不想离婚。她觉得原本幸福的婚姻可能就要断送在自己的手中。

在陌生人面前，我们总会将自己优秀的一面展现出来，向他人表现出礼貌、修养、大气、儒雅等一切美好的品格，然而回到家中，却放任自己，任性而为，将自己的无名火烧向自己最亲的人，认为可以得到亲人的原谅和包容，殊不知受伤最深的往往也是那些最爱我们的人。

同样，真正能伤到我们的也是那些我们真正在乎的人。人总是在拥有的时候不知道珍惜，失去以后才倍感珍贵。时间是永恒的，但生命却是短暂的。很多时候，爱经不起等待，更经不起伤害。从现在开始，不要再因为一点小事去伤害那些爱你的人了。

人在气愤的状态下，极易说出违背内心的气话，这就警示我们，遇事一定不要冲动和感情用事，一定要冷静，用理智去克制自己的情感，不要让自己一时的冲动伤害自己身边最亲近的人。每个人都希望有一个和睦的家庭，都希望得到亲人的尊重和理解。如果你控制不住自己的情绪，总是以伤人的气话来伤害身边的亲人，长此以往，必将失去亲人的爱和关怀，使自己感到孤独和寂寞。

爱的练习题

（1）生气的时候，你是否也会向身边的亲人发火？

（2）如果你因为无心的气话伤害了他人，你准备如何去挽回？